KUWEI
酷威文化

图书 影视

女孩的学习力

[日] 富永雄辅◎著

吴一红◎译

女 の 子 の 学 力 の 伸 ば し 方

四川文艺出版社

序
提高女孩子的学习能力，得讲究方法

"零招生选拔"，却缘何能诞生一批又一批的准名校生？

"升学辅导机构 VAMOS"是一所总部坐落于东京吉祥寺的补习机构。作为 VAMOS 的经营者，我本人操刀上阵来指导孩子们的学习。VAMOS 有骄人的名校录取率自然不必多说，此外，我还注重培养孩子们坚忍不拔的品格，这是助力他们在这个社会劈波斩浪、砥砺前行的法宝。

目前，VAMOS 虽已将办学规模扩大到吉祥寺以外的四谷、滨田山等地区，但学生人数也就 150 人左右，不过是一所小规模的升学辅导机构罢了。幸运的是，VAMOS 虽规模不大，但独树一帜的教学法却赢得了多方支持，尤其是来自男性家长们的鼎力支持。

我的独家学习法不关乎悟性，而注重逻辑性，因此我认

为能够为那些对女孩子的教育一筹莫展的男性家长指明一个方向。

从幼儿园的幼儿到高中的复读生，VAMOS 的生源覆盖面甚广。以小学的女孩子为例，VAMOS 每年都助力大批学生升入樱阴、丰岛冈女子学园、涩谷幕张等中学名校。名校录取率堪称"首都圈辅导机构的顶尖水平"。

为何资本规模并不宏大的 VAMOS 能屡创升学佳绩呢？似乎很多人认为这是因为 VAMOS 进行了严格的招生选拔，一开始就只向优秀的孩子敞开大门。

然而，事实却截然相反。VAMOS 秉承"零招生选拔"的原则，以"先来后到"的规则招收学生。

为什么我们坚持以"零选拔"的方式招收学生呢？因为我始终认为仅凭一次招生考试断然无法估摸出一个孩子的能力。尤其是为了小学升入初中（以下简称"小升初"）的考试而上辅导班的孩子，他们大多是不到小学四年级的学生。在孩子尚年幼的阶段，我们仅凭一次考试结果就对他们所具备的能力下判断，这有点儿痴人说梦，不切实际。

骄人的"提高率"背后的逻辑性学习法

我坚信，不管是什么样的孩子，我都能够让他提高学习能力。在"提高率"上，我相信自己不逊色于其他同行。这不仅因为 VAMOS 业绩骄人，更重要的是我们采用了具备再现性的学习法。

关于详情，我会在正文中进行说明。我认为，提高学习能力的学习法存在明确的逻辑性。

很多人认为学习能力取决于悟性或者天生的才能。然而，只有极少数天才之间的龙争虎斗才需要悟性发挥作用，对于绝大多数的孩子来讲，他们并不需要悟性这玩意儿。

努力确实是必不可少的，但如果努力的劲儿没使对地方，那么无论花费多长时间学习，考试结果都不会尽如人意。这一点在成人社会的职场中也完全适用。

在"提高学习能力的机制"和"理解的黑匣子"可视化的同时，本书还会向各位家长讲述帮助孩子提高学习能力的思路及实际做法。

本书尤其推荐下面这些家长阅读：

·疑惑为什么孩子学习了，但成绩就是上不去的家长；

·考虑到孩子要参加小升初考试，想了解更为有效的学习方法的家长；

·虽反对应试教育，但想让孩子掌握一些对将来有用的学习能力的家长；

·想让孩子独立自主学习的家长；

·对孩子听之任之导致其完全无心学习，因而苦恼的家长；

·夫妻之间对于孩子的学习所投入的精力和热情存在差异的家长。

对于增长孩子的学习能力，也许很多人寄希望于"解题的魔法技巧"或者"悟性良好的思维方式"。然而，这种东西在现实中并不存在。

如果将增长学习能力的过程进行分解，那么不外乎是增加基础性的知识"点"，并且将这些点进行有效连接，从而连成"线"。换言之，"理解"就是"连点成线"的过程。

算术中有"九九乘法表"，它是一种基本的解题方法；而实际上，其他学科也有相当于"九九乘法表"的基本方法。关键就在于通过反复练习来掌握这些方法，并且很好地将这些方法融会贯通，即"连点成线"。学习能力增长的结构，不关乎悟性，而关乎逻辑。

始于"现阶段理解水平"的彻底性"阶梯式学习"

VAMOS 除采用兼具逻辑性和再现性的学习法之外，还根据每个孩子的性格特征采取了多样化且灵活的学习指导方法。

具体来说，首先，我们开展的是彻底的"阶梯式学习"。

我也会在正文中说明这部分的详情。和体育锻炼一样，学习也需要循序渐进。当某个内容的难度以 A、B、C、D、E 的等级不断递增时，孩子在尚未理解 B 等级的情况下，就无法理解 C 等级以上难度的内容。如有必要，必须返回到最初的 A，重拾基础，这有利于对整体内容的理解。

　　尤其是女孩子在学习其普遍不擅长的算术和理科时，这个理解工作更是不可或缺。然而，现实中有很多好高骛远的例子。比如，很多家长认为"不能落后于其他的孩子""有难度的东西多多少少都得学一点儿"。

　　对于这种想法，我实难苟同。我会理清每个孩子现阶段的理解水平，一步一步脚踏实地地去提高他们的理解能力。这是逻辑性的问题。"不分青红皂白，眉毛胡子一把抓"的教学法不是我的风格。

顺应男女脑部差异，则学习效果有望翻倍

　　如本书的标题所示，在增长孩子的学习能力方面，我注重"性别差异"。

　　在这个提倡"无性别差异"的时代，当我提到性别差异时，也许有人会产生警戒心："这人该不会是一个性别歧视主义者吧？"但无妨，因为这不是事实。我希望男孩子和女孩子都可以发挥其最大的潜能，成为具有发散性思维、思想丰

富的人。

在教育界摸爬滚打多年的我坚信：在这个目标的实现上，着眼于性别差异的学习是卓有成效的。

当然，我并非摆老资格，仅凭着自己的经验做出这个判断。

我们通过专业的脑科学研究可以了解到：女孩子的左右脑发育得更早且相对均衡，相较之下，男孩子左脑发育迟缓，右脑远比左脑发达。

女孩子掌管语言能力的左脑较早就发育良好，这让她们在国语方面成绩骄人；而相对地，其掌管空间认知能力的右脑发达程度则逊色于男孩子，这让她们在算术方面吃了不少苦头，而这是有科学依据的。

当孩子成年后，不论男女，他们都能应付自己不擅长的领域。而对于脑部尚处在发育阶段的孩子们而言，左右脑的发育差异所带来的影响却很大。如果无视这个事实而盲目开展教学工作，那么不仅会给孩子们造成负担，同时学习效果亦是"事倍功半"。

诚然，从脑科学和性格的角度来看，有的男孩子偏女孩子气，而有的女孩子则偏男孩子气。据说在成年人中，约15% 的男性的脑部发育会偏女性化，而约 10% 的女性的脑部发育会偏男性化——在孩子们当中应该也有这个倾向。

鉴于这些情况，非常欢迎男孩子的家长们阅读本书的"姊妹篇"——《男孩的学习力》，也欢迎男孩子的家长们阅读本书。关键是请各位家长进行符合"自家孩子的特点"的学习指导。

培养孩子步入社会后也能"独立开拓人生道路的能力"

幼年时，因为父亲工作的关系，我曾在西班牙马德里生活了 10 年。在我看来，西班牙人的生活完全是围着足球转的。当时，我家附近就有一个足球场，我自己也深受足球文化的熏陶。现在的我，在经营升学辅导机构之余，还以日本足球协会的注册中介人的身份，从事着 J 联盟职业足球选手的培养和管理工作。

中学时期的我从西班牙回到日本后，感触最深的就是日本的教育着实出色。包括小孩子在内的日本人，个个遵纪守礼，并且几乎人人都识字。

而这在西班牙是难以想象的。

不过，对于日本人过于谦逊、不能自主判断、不善于自主思考的这些特点，我颇感遗憾。

这十几年来，日本社会开始意识到幼儿教育的重要性。于是，很多孩子从小就开始上升学辅导班。但是，多数升学辅导机构都仅限于给孩子灌输应试的技巧，不会去让他们掌握步入社会后也通用的能力。

例如，多数机构都有固定的通用学习课程，然后要求孩子们拿出悬梁刺股的精神来学习。由于这些课程并不适合每一个孩子，自然就有孩子跟不上进度。

另外，这些课程都是辅导机构方面准备好的大众化内容，说句不好听的，他们要求孩子们像没有自我意识的机器人一样，完全照着这些毫无个性的内容进行学习。

但是，在这种学习方式下诞生的孩子只会是其他方面的能力十分有限的应试精英。

大部分的家长应该都希望自己的孩子成为独立思考、独立开拓人生道路的人吧。

按照我的学习方法，我会针对每个孩子的水平，为他们量身打造个性化课程，让他们自己选择记忆方法；让他们思考利用 20% 的自习时间该做些什么；让他们在学习的同时，提高自主性，培养思考和决断的能力。我始终把这些事情放在心上。

顺便提一句，在培养职业足球选手时，我采用的是与升学辅导机构基本一致的培养方法，因为运动和学习有许多共通之处。

确定训练项目，掌握学习技巧，理解比赛过程中的动作……这些与学习中的"理解"机制有异曲同工之处。

仅凭千篇一律的死记硬背式学习，无法应对复杂的局面。要理解、实践复杂的比赛流程，则必须掌握正确的踢球和脚底停球等基本功。而把这些所谓的基本功进行有机连接，是有诀窍的。

　　幸运的是，无论是在升学辅导机构的经营方面，还是在足球选手培养方面，我都颇受好评。新的业务委托可谓是纷至沓来。

不为头脑好坏所左右，伴随一个人一生的"学习习惯"

　　在VAMOS，我们是和家长一起培养孩子的。我会丝毫不留情面地批评学生，女孩子也不例外，只不过我会选择适合女孩子的批评方式。

　　因为我认为教给孩子们考入名校的技能并非学习之路的终点。

　　最重要的是"凭借自己的诀窍和努力达到目标的经验"，不断积累的这种经验将化作每个孩子立足于这个社会的力量。这一点对于男孩子和女孩子都是一样的。

　　在顺利完成小升初考试后，很多VAMOS的学生从VAMOS退班后还会重新回来继续深造。在这一点上，我很骄傲：VAMOS已经不是单纯意义上掌握学习技巧的地方，而是升华成一个人可以获得成长的地方了。

　　此外，没有比孩子们养成"学习习惯"更令我高兴的事情了。

　　学习习惯是伴随一个人一生的力量。若幼年时期就养成学习习惯，那么日后面对高考和初入职场的资格考试时，都不会太辛苦。在号称"人活100岁"的当今时代，唯有学习习惯才能助孩子实现漫漫人生中的理想转职。

学习习惯非一朝一夕就能养成的，但是一旦养成，将成为一个人余生中最大的财富。自主学习和成长的习惯无关一个人与生俱来的头脑好坏。这个习惯会化作一股顽强的力量，为社会生存提供便利。

在提高女孩子的学习能力方面，家长力所能及的事情

本书，首先将在序章中对提高学习能力的基本思路进行总结。

第1章介绍了女孩子的7个本能性特征。

第2章介绍了活用这些特征以提高学习能力的5个绝对原则。

第3章介绍了培养思考力的14个诀窍。

第4章介绍了激发女孩子干劲的目标计划术。

第5章将就高效提高算术、国语、理科、社会这4个必修科目①的成绩的学习法进行详细说明。

---

① 算术、国语、理科、社会是日本小学的部分学科，其中算术相当于中国小学的数学，国语相当于中国小学的语文，而理科与中国小学的科学课类似，但涵盖范围更广。

第 6 章会介绍女孩子自主学习习惯的养成。

第 7 章会对能够提高孩子成绩的家长的习惯术进行总结。

本书只是为各位家长提高孩子学习能力指明一个方向。书中的内容囊括了在提高女孩子的学习能力方面，家长力所能及的事情。各位家长不妨抱着尝试的心态，实践看看。

孩子们所拥有的潜能超乎父母对他们的认知。

女孩子左右脑发育较为均衡，做事十分认真，动不动就会开启心理防御模式，思维上不善于打破常规。但是，一旦她们变得不惧失败，勇于尝试和试错，那么就会获得令家长意想不到的成长。

女孩子有着与男孩子颇为不同的有趣之处。本书若能帮助各位家长挖掘出孩子的潜能，作为作者，吾将不胜欢喜。

目 录
CONTENTS

序 章

无论孩子的资质如何，都能让其

学习能力提升的方法

活用脑部特性，涨分指日可待

女孩子的教育，没男孩子那般令人犯愁。但若家长对其放任不管，则总有一天会自食苦果。相对而言，女孩子的消极思想和对失败的恐惧感更为强烈，这可能会导致其无法充分发挥自身的潜能。本章将介绍无关资质，符合女孩子的脑部发育特点，并能够提高其学习能力的方法。

有效利用男女的脑部差异

女孩子脑部发育得比男孩子早

男性和女性的脑部发育情况有所不同。这只是一个单纯的事实，无关哪一方的脑袋比较灵光，哪一方的比较愚钝。

例如，在数数时，女性倾向于发出声音来数，这是其脑部的特征使然。

男性利用掌管空间能力的右脑来数数，而女性不仅用到右脑，同时还用到掌管语言能力的左脑，因此她们数数时会以语言的形式表现出来。

此外，女性喜欢彩色的东西，而男性偏爱单一色调的东西，这也是其脑部构造的一种反映。对颜色进行区分的是视网膜"锥状体细胞"，其根源是X染色体。而与只有1个X染色体的男性相比，具有2个X染色体的女性自然能够细致地认知、描绘颜色。

尚年幼的孩子们也是如此。女孩子在挑选文具的时候大多喜欢色彩鲜艳的可爱物件，这很正常。

女孩子的这些特点，不是性格使然，而是源于脑部构造的结果。

女孩子的左右脑发育较为均衡，脑梁也比男孩子的粗，因此其左右脑之间的连接较为顺畅。可以说，女孩子的脑部发育已接近于成年女性的状态。

小学阶段的女孩子，虽然精神层面上算个"小大人"，但生理方面却尚待进一步发育，各方面的经验也较为欠缺。

想让她们保持身心健康，自信满满地去学习，独立开拓自己的人生道路，家长的正确指导不可或缺。

让女孩子感到学习吃力，或者丧失自信、失去干劲、士气大减的导火线，与男孩子的大不相同。

在把握这种脑部差异的基础上，对孩子开展学习指导工作，可以使其学习能力获得很大的增长，这点毋庸置疑。

以欧美为主的一些地区兴起了一种学校，这些学校会将男女进行分班，用不同的学习方法进行培养，从而提升男孩子和女孩子各自的能力。据说，英国的某个高中利用这种方法，实现了男生英语成绩上涨 4 倍、女生数学成绩上涨 2 倍的突破。

由此可见，着眼于性别差异的教育有利于克服偏科。

提高女孩子的学习能力最重要的方法

营造一个令她安心成长的环境

VAMOS 之所以坚持"零招生选拔",原因在于,我认为仅凭一两次的考试无法估摸出一个孩子的水平。

孩子本是宝石,一经打磨就会发光。因此,我认为不必筛选,按照"先来后到"的顺序去打磨他们便好。

VAMOS 不举行招生考试,但相对地,我很重视与孩子本人及家长的面谈。尤其是对于女孩子来说,家庭的力量至关重要。若家长与我方协作不力,那么就无法充分挖掘出孩子的潜能。

与男孩子相比,小学阶段的女孩子总体水平较高,算是"小大人"。换言之,她们具有社会性。

女孩子有一个特点:她们会将自己的梦想和目标与社会挂钩,并努力去实现。在这点上,她们与"只要自我感觉良好就行"的男孩子有着天壤之别。

此外,家庭是构成社会的最小单位。对小学阶段的女孩子来说,能够切身感受到"家是可以无条件地信赖并支持自己的温暖港湾",这很重要。

女孩子本身做事就很认真,且能力强,极具教育和培养价值。但是,她们恐惧失败,容易产生消极心态,由此导致其无法充分发挥自身潜能的例子数不胜数。

而我们大人的任务，正是把她们从那种负面状态中解救出来。

不过，这并不是让我们去要求她们要靠自己的毅力走出来，而是要求我们为孩子营造一个良好的环境，让她们觉得周围的大人值得信赖，从而能够放心地、从容地努力。

在此基础上，我们还要让她们切身感受到：通过阶梯式学习，学习能力获得了切实的提升。

没有基础，就算想破头也想不出所以然

女子中学的入学考试也考查"基本功"

所谓学习，就是脚踏实地践行理解的过程。要"践行理解的过程"，则必须彻底掌握基本功，并开展阶梯式学习。

在 VAMOS，我们将基础学习能力的锻炼贯彻到底。基础学习于女孩子而言，更是多多益善。因为女子中学的入学考试题目，大多倾向于直接考查考生的基础学习能力。

比如，为了解答某所女子中学名校的题目，考生必须记住 47 个都、道、府、县的名称及其在日本地图中的位置，以及县厅所在地及其特产等诸多内容。

凡是有志于参加小升初考试的孩子，都必须记住这些内容。对于这类考查记忆的题目，只要记住了就能轻易拿分；如若不然，只能仰天长叹，无可奈何。

这种解答出不知道这个知识点就绝对答不出来的题目的能力，我称之为"绝对性基本功"。这是我最重视的一个学习法。

换言之，这种绝对性基本功就是不用动脑子，动动手就能解题的能力。众所周知，百格计算①和公文学习都是磨炼"绝对性基本功"的好方法。

在小升初考试和高考中，绝对性基本功尤为重要。对小学生而言，彻底地反复学习九九乘法表、加法、减法、汉字读写以及社会学科的背诵等内容，十分重要。

但是，诸如此类的绝对性基本功的重要性太过理所当然，以至于反而被忽略了。岂止如此，近来它的重要性还有被"思考力才重要"的风潮所压倒的倾向。

---

① 百格计算：日本教育专家阴山英男发明的一种简单的计算表格（以矩阵呈现）。表格的栏和列分别是十格，以加法为例，左上角一格是"+"，最顶端的那一横栏写有顺序打乱的 0 到 9，最左的列同样写有顺序打乱的 0 到 9，学生作答时把栏的每个数字与列的每个数字相加后再填到对应的格子中。

没有基础，则绝对解不开应用问题

丰富的知识储备量有助实现多样化的思考

应用能力，究竟指的是什么？

在孩子的学习中，通过重复基础性内容而获得的能力会在某个阶段以应用能力的形式呈现。例如，0.125 是八分之一，0.375 是八分之三。反复学习基础性内容的孩子对此已烂熟于心。因此，他们不会考虑 0.375 应该是一千分之三百七十五，而是瞬间联想到八分之三，从而能够在短时间之内解题。这也是一种应用能力。

在做英语的长篇阅读理解时，我们虽然会遇到陌生的单词，但根据上下文的语境可以推测出其意思。但是，这种做法的前提是我们要认识上下文的单词，如果所有单词基本上都不认识，那么就只能向题目举手投降了。所以，是否掌握大量的英语单词是胜负的关键。

换言之，应用能力位于基础学习能力的延长线上。

虽说具备基础学习能力不一定就能解开应用问题，但如果不具备基础学习能力，就绝对解不开应用问题。在追求应用能力之前，我们首先必须构筑基础学习能力。

正因如此，VAMOS 在让学生掌握基础学习能力方面，比其他同行花费了更多的时间。当树木根深蒂固后，即使对其放任不管，根基处也会自行生长出繁茂的枝叶。考上东大理科专业的女高中生，其绝对性基本功都很强，而丰富的知识储备量亦赋予她们多元化的思维方式。

首先要弄清各门学科的"零点"

适合"精神层面较为成熟"的女孩子的学习法

在 VAMOS，我们会以极具逻辑性的方式，帮助学生掌握基础学习能力。

尤其是女孩子，她们会认真倾听与之建立了信赖关系的人的建议，也会采纳有据可依的意见，颇有大人的风范，因此具有逻辑性的学习方式更适合她们。

在孩子掌握基础学习能力的过程中，必须弄清她现在理解到哪个程度，即其"现阶段水平"。对于孩子的理解盲点，我称之为"零点"。要提高孩子的基础学习能力，就必须返回零点，把不懂的知识一点一点捡起来。

需要注意的是，该零点"因学科而异"。对于一个学习成绩排在前 30% 的学生，不排除存在其国语成绩名列前茅，而理科成绩却在中下游挣扎的情况。在此情况下，对于理科，即便是跨越年级，也必须让她返回"零点"，重拾基础。

不过，与男孩子不同的是，女孩子知道自己某门学科处于什么水平，也能够客观地评价自己。此外，对于学得不好的学科，她怀有一种自卑感。因此，诸如"你这门学科偏弱，要加把劲啦"之类的建议，反而会雪上加霜，适得其反。

以孩子拿到国语80分、算术70分、社会70分、理科55分的成绩为例。对于男孩子，大人要告诉他理科必须要加把劲了。如若不然，男孩子只会一味埋头于自己擅长的学科，而学科间的"长短腿"现象会愈发严重。

女孩子做事本就认真，她们从心底里觉得所有学科都必须搞好。那么，对她学得好的学科加以表扬，是更有效的方式。

"你真棒！国语考了80分的高分。"若你这么表扬她，那么她会努力把其他学科的成绩也提高到80分，以期得到更多的表扬。

产生学习能力差距之"噩梦小1"和"噩梦小4"

要如何跨越人生最初的分岔口——"10岁的墙"

近来，"噩梦小1"这种说法颇为盛行，它的大概意思就是刚上小学一年级的孩子们在学习能力方面已然拉开了差距。

以前，孩子们在幼儿园只是一味地玩耍，但现在他们要学习各种各样的内容。有些孩子甚至在小学入学阶段就掌握了乘法运算。不过，这无关头脑的好坏，而是训练量的差异。

此外，还有"噩梦小4"一说。这种说法有时会以"10岁的墙"的形式呈现。这个年龄段的孩子在学习能力方面的差距会迅速拉大。10岁左右的学习，意义重大。

无须考试而从公立小学直升到公立中学的孩子，与参加小升初考试的孩子，其日常所学内容的难度存在差异。

以应试为目标的学习，要求学生不能只停留在"知道"的层面，还必须基于这个知识点进行思考，并将其应用于解题中。若志在小升初，那么即便是年幼的小学生，也不得不重复这个学习过程。

然而，公立小学的生源水平不一，其教学方针是让所有的学生都跟上课程的进度。由此，志在小升初的孩子与那些以学校课程为主的孩子在学习能力方面就会产生很大的差距。

虽说如此，但实际上是否参加小升初考试并不重要。重要的是，孩子是满足于公立小学的课程内容，抑或是在求知欲最旺盛的时期不断开展适当的阶梯式学习，从而使学习能力飞跃上升。

您的孩子，恰恰就处在这个节骨眼上。

为什么女孩子的理科只要"平平无奇"就行

一旦觉得吃力就会产生"抗拒感"的原因

　　与男孩子相比，女孩子普遍不擅长理科和算术，这其中有脑部构造的原因。作为家长，想让孩子克服偏科的想法无可厚非，但实际上这却会火上浇油，让情况变得更糟。因为女孩子会对自己的偏科情况耿耿于怀，一旦她给自己贴上偏科的标签，那么对该学科的抗拒感就会占据上风。

　　因此，不要给孩子造成压力，让她把该学科的成绩提高到一般的水平即可。

　　此外，多数女孩子都不擅长理科，因此不必在这方面强求太多，达到一般的水平就足以应付小升初考试。要把理科变成强项，很困难，但若想提高到一般水平，却出乎意料地容易。而这也不会给孩子造成太大的负担。

　　男孩子，若有的学科考了 30 分，有的考了 70 分，那么他会对考了 70 分这件事关注有加，而对"30 分事件"视若无睹，装疯卖傻。但女孩子却截然相反。她们对好不容易考了 70 分这件事无动于衷，而对于"30 分事件"耿耿于怀，备受打击。

　　为此，最好帮她把"30 分"这一页黑历史给翻篇，鼓励她下次争取考个 50 分就足够了。尽量不要出现过于拖后腿的学科，让她把不擅长的学科提高到一般水平，而对于国语等擅长学科则力争更上一层楼，以增强其自信心。

害怕失败的女孩子会低估自己的能力

若恰当地干预，就能打破她的"限制器"

女孩子能客观地把握自己所处的位置，无论好坏。

此外，她们很重视人际关系，因此极度害怕"在该位置上的失败"。因为她们认为若在该位置上失败了，那么对他人而言，自己的存在价值就岌岌可危。

这点也会体现在她们对小升初学校的志愿选择上。

男孩子会脸不红、心不跳地瞄准比实际合格线高两个等级的学校。他们怀有谜之自信，坚信自己能考上。而女孩子则相反，为了不遭遇滑铁卢惨案，她们会把志愿学校调低两个等级。

我以油桶来举例说明吧。

男孩子想拥有与自己能力不相匹配的大油桶。他们很单纯，深信不疑地认为自己能把油桶给装满。然而，实际上他们却是外有强形，内中干竭。不过，俗话说："有容乃大。"一旦他们认真起来，装满油桶亦不是梦。

而女孩子，能够客观地评价自己。她们一开始就不会追求过大的油桶，而是会基于对自己的判断，选择自己应该能够装满的油桶。如此一来，即便她们好不容易拿到了大量汽油，也无处安放，无法带走。

也许，她本人也想拥有更大的油桶。但是，鉴于周围孩子都选择了与自己能力相符（终究只是基于当时的判断）的油桶，那么她就不会允许自己不合群地独拥那么一个庞然大物。

因此，不要因为她自己选择了那个尺寸，就断定她也就是那个水平了。能不能打破女孩子的限制器，就看大人怎么干预了。

比头脑灵活度更能左右学习能力的因素

比起辅导机构的选择，家庭的生活方式对女孩子更重要

男孩子因素养方面的缘故，无法集中精力学习的例子屡见不鲜。

比如，有些男孩子不懂得如何整理教材，每次都把发到手里的教材搞得乱七八糟。等到他们要学习的时候，面对一堆杂乱无章的东西无从下手，从而浪费了许多时间，最终被其他孩子甩在身后。

此外，有些男孩子坐在椅子上就浑身难受，有些连握笔

的手势都不对，还有一些上课开小差。

相比之下，女孩子在这些方面做得很好。而在小学阶段，对孩子学习能力影响较大的是一个家庭的生活方式，而不是一个孩子的头脑灵活度。相比去哪个辅导机构补习，在家里以什么样的方式生活，才更为关键。这是我非常重视的一个因素，我称之为"家庭力"。

那么，女孩子的家长必须具备什么样的家庭力呢？建立与孩子之间的信赖关系，始终与之共情，倾尽全力陪伴她、指导她。如此而已。

女孩子，虽颇有实力，但自我肯定感普遍较差。无视这种情况而胡乱给她加油打气，终究无济于事。对此，家长必须像制作千层派一样，帮她把自我肯定感小心翼翼地一点一点堆积起来。

女孩子一旦收获了自我肯定感，就会释放出与男孩子"大变身"相比不同次元的强大力量。这对本身就很优秀的女孩子来说，不是变身，而是货真价实的发挥而已。

也许在各位家长的职场或客户中，存在一些风华绝代的女性，她们态度认真，富有追求，同时具备自我肯定感。请各位不要忘记，如今叱咤职场的那些女强人，在小学阶段也有过妄自菲薄的时候。

同一座山，走适合女孩子的路，登顶率就会有所不同

让她掌握随心所欲地生活的"资本"

原来我在开展教学工作时，并未特别在意性别差异。起初，我认为孩子都是一样的。

但是，在实践的过程中，我愈发觉得孩子并不都是一个样，并进一步发现：着眼于性别差异的教学，可以使孩子们获得更大的提高。在这个过程中，我也翻阅了发育心理学和脑科学方面的相关文献，并从中获得了很多新知识。

如今，我坚信唯有着眼于性别差异的学习，方能拓展孩子的可能性。

诚然，我丝毫不认为性别差异是左右一个人活法的正当理由。在依旧是男权至上的日本社会，我由衷地希望能够有更多的平台让女性大放异彩，发光发热。

正因如此，我认为有必要开展着眼于小学阶段的性别差异（准确地说，是个人差异）的教育工作。若无视这种差异，那么优秀的女孩子就会被剥夺发挥潜能的机会，才会惨遭埋没。

"登的是同一座山，但上山的路却不止一条"，这是我常挂在嘴边的一句话。男孩子有适合男孩子的路，而女孩子有

适合女孩子的路。若能为孩子选择一条合适的路径，那么登顶率就会有所提高。

小学阶段的女孩子虽然远比男孩子成熟，但她们尚不具备母亲那一代人的社会性。她们就像是性能良好的 OS 系统，仅此而已。这套系统还没来得及加装各类应用软件。这个社会都有哪些生存方式？自己究竟想过什么样的生活？对此，她们一脸茫然。

对这个时期的孩子说"你得用更广阔的视野来看待事物"或者"女孩自有女孩福哦"，这些都不妥。

首先，家长应该做的是"让孩子掌握随心所欲地生活的资本"。而其中的一个方法就是，让孩子完成眼前的小升初考试这一课题。

一个人余生最大的财富之"学习习惯"

学习和工作都受益的"一生的力量"

小升初考试结束后，VAMOS 的孩子们做的第一件事就是放松紧绷的神经。即便如此，他们依然不会落下学习。如果他们原来每天花 5 个小时在学习上，那么现在尽管他们有 3 个小时会沉浸在喜欢的娱乐活动当中，但依旧会花 2 个小时学习。也就是说，他们已经养成了学习的习惯，不学习就浑身不自在。

对于让年纪尚小的孩子参加小升初考试这件事情，社会各界众说纷纭，褒贬不一。然而，对于学习习惯对一个孩子之后的学生生活和社会生活的重要性，却没有人会质疑。

养成后的学习习惯是会跟随人一辈子的。如果打心眼儿里觉得学习是一件理所当然的事情，那么高考也好，就职后的资格考试也罢，无论哪一种考验都不会太辛苦。

商人大多对学习的重要性深有感触。不被眼前的快乐冲昏头脑，养成每天孜孜不倦地学习的习惯，才是超乎头脑灵活度的真正实力所在。而这绝非是一朝一夕就能实现的。

学习习惯会成为一个人一生最大的财富，是他在社会上劈风斩浪、砥砺前行的必要技能。而这也是从根本上有别于眼光局限于眼前的考试技巧，其他方面的能力却十分有限的应试精英的地方。

第1章

女孩子的 7 个本能性特征

比外表更早熟的『小小大人』们的本能

女孩子与精神年龄较之偏小的男孩子不同。她们渴望被当作大人对待，希望他人设身处地地体会其处境和感受。因此，与女孩子建立以信任为根基的亲子关系和人际关系，比什么都来得重要。若能把握女孩子的这些特性，并将其转化升级为优点，那么她们的学习成绩自然会突飞猛进。

1. 女孩子总是希望获得"共情式"理解

女孩子希望以"大人的伙伴"的身份，得到他人的理解

父母在处理孩子的事宜上，十分注重"表扬"和"批评"这两个要素。对于男孩子，这两个要素已然足够，剩下的不外乎在这二者的比例上下功夫。

然而，对于女孩子，还有一种情感方面的要素是不可或缺的，那就是"共情"。其重要程度甚至更胜于前二者。

小学阶段的女孩子抱有一种欲望，她们希望自己的处境能够得到周围大人们的理解，并且是以"大人的伙伴"的身份得到理解。

她们希望通过聊天的方式，传达自己所经受的痛苦、所感受的快乐，并得到对方的理解。

综上，父母需要去营造一种环境，以理解她们的这种特性和诉求，从而与之产生共情。具体来说，父母必须建立以信任为根基的亲子关系，使她们可以对其敞开心扉，吐露烦

恼。这是与女孩子产生共情的必要条件。

在未建立这种关系的情况下，如果表扬她，那么她会觉得这不外乎是大人的场面话；而如果批评她，那么她会觉得大人明明对她的事情一无所知，还自以为是，认为发发脾气就能解决问题。

极端地说，对于女孩子，既无须表扬亦无须批评，只要与之共情即可。所谓共情，就是"接纳"。

比如，以孩子在算术测验中只拿到 30 分，心情正低落的情况为例。在此情况下，对其既不可表扬也不可批评。因为这并非共情者，而是像"我"这种不相干立场的人会做出的行为。

父母作为共情者，此时，请你们接纳这个分数，陪伴在她身边，安慰她，并和她一起思考该怎么办。

此时，诙谐幽默的语言亦显苍白无力。重要的是实现心灵的陪伴，而非身体的陪伴。

可以说，与男孩子的父母相比，女孩子的父母在应对方面，面临着更高的要求。

2. 女孩子更易于接受教诲

要通过"语言"直率地表达，以平等的身份来对待她

女孩子比男孩子成熟，左脑更为发达，语言理解能力也

更为优秀。因此，女孩子更易于接受来自大人的建议。

此外，男孩子更想靠自己的力量解决问题，而女孩子则倾向于有人同自己一起携手前行。遇到问题时，她们也会倾听大人的声音。不过，此时的建议不能是高高在上、颐指气使的指令，而必须是充满共鸣的提议。

同时，模棱两可的表扬和批评，会失掉孩子的信任，适得其反。家长倒不如坦率地说出心里所想。

因为女孩子渴望家长以平等的身份来对待自己，并与自己产生共情。此外，当她们感受到这些，就会出乎意料地老实接受所有的教诲。

而这个共情者的角色，母亲来扮演较好。当然，父亲的作用也很关键。但首先由母亲成为最理解孩子的那个人，而后再助推父女关系的升华，这也许是比较理想的做法。

有些做父亲的会以"女孩子太难懂了"为由，将育儿工作全部推给母亲，或者说些言不由衷的话，这些都非常不利于父女关系的升华。女孩子瞬间就会察觉到"我爸爸是在逃避我的事情"。一旦家长给孩子形成一种逃避责任的印象，之后是很难扭转局面的。

家长也许会有所顾虑，担心自己的表达过于直截了当会伤害孩子的感情。而这就需要家长建立与孩子之间的信赖关系，这是家长以直率的态度、平等的身份对待孩子的基础和前提。万万不可绕过这一步。

若有一些话不好通过会话的形式来传达，那么也可以利用交换日记的方法来传达。

此时，同样要重视"语言表达"。不要敷衍了事，而是用尽毕生词汇来传达自己的真心。虽然看似麻烦，但若孩子感受到家长的用心，那么她也会和家长分享自己的成功喜悦。

女孩子在考试结果公布的现场，因太过高兴而与家长相拥而泣，这正是其独有的感性使然。而男孩子则会认为一切都是自己的功劳，不会对家长表示感谢。

3. 女孩子责任感强，信守承诺

切勿对女孩子设定难度过高的规则

女孩子非常重视与父母建立信赖关系后，双方所做的口头约定。换言之，遵守约定是女孩子的优秀品质之一。

尤其是在孩子尚年幼的小学阶段，遵守约定的优等生几乎都是女孩子。男孩子做不到这点，因此一直挨骂。

"×××，你在做什么呀？这样不行的！"

"老师，××× 违反规定了，这也能原谅吗？"

VAMOS 多的是爱管闲事的女孩子。

女性的大脑在"陈述记忆"方面本就比男性的大脑来得发达，她们对于别人说了什么话都记得非常清楚。而男性的大脑则擅长"非陈述记忆",比如,男性一旦学会游泳,就永远 get 了这个技能。

男性会立马将口头上的约定忘得一干二净,而女性却记得清清楚楚,这也为恋人之间的矛盾埋下了种子。

这个倾向自小学阶段起就很明显。因此,父亲不能随随便便和女儿做约定,而后食言。因为女孩子会为遵守约定而倾尽全力。

到了中学和高中阶段,也有很多女孩子因为对之前的自己感到厌倦,而开始学会"偷懒"。但小学阶段,无论好与坏,出于强烈的责任感,她们都会努力遵守规则,倘若失败,则会为此受挫。

鉴于此,切勿制定难度过大的规则,而应让孩子感到为了自己信任的父母而遵守这个规则很开心。比如,每天练习30 分钟汉字,一天做 10 道算术题,这种程度即可。

就算孩子题目做错了,也不能给她施加压力。

4. 女孩子以母亲为榜样塑造自己

在女孩子面前,母亲的言谈举止如"演员"般具有吸引力

对男孩子来说,母亲就是爱的源泉。男性基本上都有恋母情结。

而对女孩子来说，母亲就是鲜活的榜样。她们会仔细地观察母亲的言行举止，然后以此为榜样来塑造自己。

随着不断成长，她们会适当地做一些修正。但多数女孩子，正面也好，负面也罢，其言行举止多半有其母亲的影子。因此，母亲必须在充分意识到这一点的基础上为人处世。

我认为，做母亲的在女儿面前要有做一名演员的觉悟。但这不是让各位女性家长演绎完美无缺的母亲角色，恰恰相反，我希望各位女性家长也能向孩子展现失败的一面。

当孩子为不擅长的算术题而苦恼时，各位不要给孩子呈现算术很好的母亲的形象，而是把自己脆弱的部分呈现给孩子看，比如告诉她自己以前也学不来，让她放心。就算各位曾经算术学得很好，但这部分还是发挥自己的演技，让孩子看到你和她一样吧。

不过，此时的一个大前提是，已经建立好了亲子间的信赖关系，并且孩子很喜欢母亲。

如果孩子与自己的母亲建立了信赖关系，并且很喜欢母亲，那么对于学不来算术的母亲造就了现在的自己这件事情，她会往积极的方面去理解和接受。此外，对于自己算术不好这件事情，她也不会遭受太大的打击。

对女孩子而言，喜欢的一个不可或缺的前提是美好。因此，女性家长们必须是让孩子能够引以为傲的母亲。因为自己尊敬的母亲也和自己有共鸣——算术学不来，这会让她备感安心。

母亲是女孩子考虑自己未来时的一个范本。

请家长们以各种各样的方式让孩子明白：正因为之前有过很多失败经历，所以现在的人生尤其充实。

5.讨厌失败会限制女孩子的格局

让她意识到"失败并非坏事"

女孩子抱有很强的愿望成为靠谱的好孩子。因此，她们极度反感在自己身上出现一些不利于此的要素。

典型的例子就是在面对不擅长的学科时，男孩子只想一味地埋头于自己擅长的学科，即便不擅长的学科的分数因此而一路下滑，他们也满不在乎；但是，女孩子对于存在分数低的学科这件事没办法不在意。

若是孩子能朝着所有学科都要加油的正能量方向前进，这自然不是坏事。但是，多数情况下，讨厌失败这一特性，会限制孩子的格局。

在VAMOS的算术课上，女孩子对于那些自己已掌握公式等解题方法的题目，抑或是我表示谁都能解开的题目，会立马动笔，跃跃欲试。

然而，一旦碰到稍有难度而找不到解题方向的题目，或者我表示有点儿难，但实际上她们做得来的题目，女孩子就会就望而却步。因为她们非常害怕得到自己试着做了但是做错了的结果。

若无视这些特性，则会催生出一个因不敢挑战，导致不管过了多久，依旧是遥不可及的目标。而小时候十分优秀的女孩子，从某个阶段开始就原地踏步、停滞不前的原因正在于此。

举个浅显易懂的例子。我认识的一位女性朋友最近离婚了。听说早在5年前，她与前夫的关系就破裂了。但由于她不想承认自己婚姻失败，以至于难以下定决心离婚。

其实，作为她亲近的朋友，我们谁都不觉得她失败，但我想女性也许本身对这种事情就很敏感、很在意。当然，想获得周围人的好评，这无可厚非，这种想法会促使一个人努力进步。但是，扭曲对失败的认识，这可不太妙。

在提高女孩子的能力方面，如何让她意识到失败并非坏事，这点愈发重要。以"尝试尝试尝试尝试＆犯错"，而非"尝试＆犯错"的比例，让孩子在减少失败经历的同时，慎重地积累经验吧。

6. 在与朋友的人际关系中成长

在"选择集体"之前，要建立可真心交谈的关系

现阶段，一种名为"催产素"的荷尔蒙备受关注。这种荷尔蒙与女性的生产过程息息相关，并对爱恋某人，保持集体的和谐起到一定的作用。虽然男性也会分泌这种荷尔蒙，但量绝对不如女性。

这种荷尔蒙的影响不必多说。女孩子自小就普遍具有明显的集体意识。

与我行我素的男孩子不同，女孩子是在人际关系中取得与周围人的平衡的同时，不断成长的。她们从小学阶段起，就在朋友圈里创造自己的一席之地，塑造自己的人设，并试图去守护这一切。因此，她们极度害怕被集体排斥、孤立。

此外，她们会为了所在集体的利益而多多少少地压抑自己的情感和欲望，并以集体的价值观来判断事物。

因此，对女孩子来说，归属于一个什么样的集体是个很重要的课题，因为这个集体将直接关乎其成长。

家长们也是深知这一点，才会为让她上哪一所学校这个问题煞费苦心。

依我个人之见，对于选择学校等关乎孩子成长环境的事宜，绝对不允许投机行为，应该尽可能为孩子建立好符合她

个人特性的人际关系。

此外，这其中亲子间的信赖关系是不可或缺的。

若无可真心交谈的信赖关系做支撑，那么就有可能导致这样的结果：让实际上有心报考国立大学医学系的女孩子去上贵族学校，或者是提供孩子本人所不希望的严苛环境，而导致其中途退学。

另一方面，即使这个环境不适合孩子，只要建立了亲子间的信赖关系，就能够守护孩子。

尤其是，若孩子与其最信任的母亲之间的关系良好，那么她就会敞开心扉，言无不尽。这有利于她探寻不同的道路。

7. 容易逃避"讨厌"和"不擅长"的事情

由深受她信赖的人，基于数据客观地指出问题所在

假设有 10 道算术题，若答对了其中 6 道，男孩子会肯定自己的表现："啊，对了一半以上。""我算术这不学得挺好嘛。"

然而，女孩子则会消极看待自己的表现："只答对了 6 道题，所以说我算术不好嘛。"即使实际上学得很好，他们也会给自己贴上"偏科"的标签。

本来答对 6 道题，在这个阶段应该算挺不错的水平了。

糟糕的是，女孩子讨厌失败，她们会逃避，"尽可能避开，不想做"。10道算术题做对6道，如果愿意学，明明还有提高的空间，但就在尽可能避开的过程中，算术真的就变成了不擅长的"短腿学科"。

女孩子给自己造出"讨厌""不擅长"的标签，并一个劲儿地想要避开这些领域，以防伤害自我。这是在为自己学不好的时候，准备一个借口：本来我就不擅长做那个。

她们的这种心理，我又何尝不懂？但若一直不去尝试和犯错，那么就会阻碍自身的成长。当对自己擅长的领域感到吃力时，有必要去摆正其对该领域的认知。

女孩子会倾听与其建立了信任关系的人的建议。此外，由于她们看重证据，因此最好用"数字"客观地指出其问题所在。

"10道题答对了6道，这很厉害啊。因为很多人只答对了不到一半。这就说明你的数学其实学得不错。不过，如果能答对7道的话就更有底气了吧。那么，你再试着努力看看吧。"

正因为家长深爱自己的孩子，所以都想采用松冈修造[①]式的积极转换法："你可以的。"

但是，女孩子只相信证据。请家长们认真准备应对，避免被孩子挑战："爸爸，你说这话的依据是什么？"

---

① 松冈修造：前日本网球国手，他在比赛和生活中的无限热血成为其独树一帜的风格。

第2章

提高女孩子学习能力的5个绝对原则

连接基础和应用的『涨分机制』

"理解"是以什么样的过程来达成的呢？学习必定存在步骤，"理解"不可能一蹴而就，必须正确把握孩子现阶段的理解水平，同时增加其理解方面的点，并连点成线。本章将揭晓符合女孩子特性的学习能力提高秘诀。

原则 1：学习能力必定呈"阶段式"提高

学习能力取决于 10~13 岁的生活方式

●学习能力的提高方法讲究顺序
　　——阶段性提高的 3 个步骤之"泡澡理论"

　　孩子学习能力的提高大致分为 3 个阶段。我把学习能力提高的阶段比作泡澡的过程，并按此进行说明。我把这种方法称为"泡澡理论"。

　　最开始是"建造浴缸"的阶段。如果想泡个舒服的澡，那么首先需要一个漂亮结实的浴缸。浴缸自然是大一点较好，但若出现破洞或者裂痕就糟糕了。对于心细如发的女孩子，要特别留意破洞和裂痕。但是，若是过分神经质，则无法造就较大的浴缸。这个阶段处于"根基期"，要小心避免浴缸出现瑕疵，要打好孩子学习能力的根基。

　　接下来是"放水"的阶段。这个阶段相当于孩子收获各种各样的信息的一个"知识期"。牢固的浴缸建造完成后，便可往里注水。大的浴缸，有时水最多只能放到一半左右的位置。相反地，小的浴缸，也有放满水的可能。

最后是"备齐小工具"的阶段。浴室不光是泡澡，还是清除身体污垢，让整个人变得清爽的地方。为此，还要准备好毛巾和肥皂等用品。这个阶段，对于孩子的学习能力而言，是一个"精致期"。

这就要求孩子切实按照这个流程，在所有的阶段踏踏实实地做好应该做的事情，尤其是在根基期，必须做好彻底地材料堆砌和品质检查工作。如果浴缸本身存在质量问题，那么即使注入再清澈的水，采购再高级的肥皂，这个澡也泡不成。

然而，很多家长轻视浴缸本身的问题，只顾一味地往里注水，动不动就先着手准备小工具。毕竟水和小工具是花钱就可以准备好的。当孩子成绩停滞不前时，家长必须检查浴缸，而不是水和小工具。此外，如果发现浴缸有问题，最好是从头开始修整，这样才能带来好的结果。

●用快而准的解题能力构筑"根基期"
——女孩子的学习以早为宜

"建造浴缸"的工作，相当于在算术中熟练掌握加减乘除等计算方法的一个学习过程。

例如，"5+8"的答案是"13"。对于学习基础好的孩子来说，不到 1 秒就能解答出来。然而，对于刚开始学习算术的孩子来说，可能要花 5 秒左右。这两者相差了 4 秒。如果是 4 位数的加法，每位数都有 4 秒之差，那么最终的差异将达到 16 秒。光是解答 1 个问题就被拉开了 16 秒的差距，那么二者实力悬殊，不足一赛。

　　在答题正确率方面，正确率 100% 的孩子和正确率 80% 的孩子随着题目的增加，差距也会渐渐地拉开。

　　也就是说，如何"快而准"地解决这类基础性的计算、汉字书写、背诵等问题，是一个非常重要的课题。而所谓"建造浴缸"的时期，就是要认真切实地打好这个基础。

　　这个时期还有一项重大的工作就是培养专注力。这并不是要求孩子从一开始就精力集中 1 小时，而是让他们从 3 分钟、5 分钟、10 分钟开始，一点一点地延长能够集中精力的时间。

　　我认为男孩子和女孩子的根基期基本都在 0~10 岁。不过，与始终幼稚的男孩子不同，精神层面较早熟的女孩子的根基期还能再做进一步的细分。不要对根基期眉毛胡子一把抓，而是每 2 年左右就要改变作战策略。或者，以 5 岁前后为节点，从这个时候开始，让孩子做百格计算等练习，由此迅速提高其学习成绩。不管怎样，女孩子不擅长你追我赶式的竞争，因此，尽早让她开始学习，早早地就与他人拉开差距，成功地甩开对手，这样的作战方法卓有成效。

●学习能力的差距始于 10~13 岁的 "填鸭式学习"

——高考结果取决于中二前的学习

10~13 岁阶段，正适合往根基期所建造的浴缸里一股脑儿地灌水。

如今这个时代，升学辅导机构、网络课程等的教材和参考书满天飞，装入浴缸的水可谓种类多、量充沛。在这个"知识期"，要彻底地贯彻"填鸭式学习"，哪怕多理解一个公式，多做一道国语的阅读理解题，都会让孩子的学习能力扶摇直上。

不过，这个提高会出现在孩子 10 岁、11 岁，还是 13 岁呢？这个时间点，即前文所述的那面"10 岁的墙"，因人而异。

女孩子普遍提升得较早，因此不必担心。但如果要参加小升初考试，那么 13 岁学习能力才有所提高，未免太迟了。因此，我们要努力让孩子在 10~11 岁的阶段取得学习上的突破。如果不参加小升初考试，那么虽然还来得及，但 13 岁也到了一个极限了。

某所著名升学辅导学校的老师就曾指出"高考的结果取决于中二之前的学习"。往漂亮结实的浴缸里灌水，最迟要在 13 岁之前完成，因为孩子绝大部分的学习能力取决于这之前所做的学习工作。

为了让泡澡更舒适而准备一些小工具的"精致期"是 14~18 岁的阶段。当孩子 14 岁后，尽管可以不断地换各种各样的毛巾和肥皂，但"什么样的浴缸"是早已定型了的。在小升初考试中失意落榜也无妨，只要最终考上理想的大学就好了。但如果"到高中再努力吧"，这就为时过晚了。

●在微妙时期，通过基础学习拉开差距
——若家长对孩子的事情不闻不问，那么她就无法提高

到小学高年级，女孩子就会迎来初潮，身体会发生一些微妙的变化。这可能会使她的身体状况不理想，情绪焦躁，以至于多数时间无法静下心来学习。

有报告称，在生理期到来之前，女孩子体内刺激右脑的睾丸激素会骤减，空间认知能力会因此下降，而这会给她们在算术、理科上的得分带来不良影响。此外，也有一些孩子变得更"大人"了，以至于无法像孩子般温顺、听话，倾听周围人的意见。因此，在年幼的时期就彻底地开展基础性学习，与他人拉开较大的差距，这才是王道。

比起男孩子，家长对女孩子的学习进展情况的核查也要更为细致才行。这并不是说她们学得不好，而是因为其本人渴望与大人产生共情。

在情况较为棘手的状况下，若家长对"孩子究竟理解到什么程度""因为哪些内容没搞懂而苦恼"这些问题不闻不问，那么孩子就无法得到提高。

好不容易建好了大浴缸，若缺失了信赖关系，使浴缸产生了裂痕，一切就都白费了。定期的维护保养，不可或缺。

原则2：所谓"理解"，就是增加点，并连点成线

学习能力提高的迹象有哪些?

● **"理解"无关悟性，而关乎逻辑**
——将理解的黑匣子"可视化"

孩子们的成绩不会偶然得到提高，而会按照一定的机制不断提高。或者应该换种说法，是按照一定的机制去理解。若无视这个机制，那么不管家长冲着孩子喊多少句加油，都无济于事。多数人认为，理解能力与一个人与生俱来的头脑好坏和悟性有很大的关系。因此，他们寄希望于磨炼悟性的训练。如果碰到难的问题，他们就会想知道解题的诀窍，想学习悟性良好的思维方式。他们觉得通过这样的训练，脑袋瓜会慢慢变得灵光起来。然而，理解并不是通过使用秘密的技巧或发现前所未知的解题方法而突然之间实现的。

理解的过程并不是跳跃的，而是更加踏实地学习工作的重复。换个角度说，如果踏踏实实地重复做好学习工作，那么任

何人都能实现"理解"的目标。理解，比起悟性，更关乎逻辑。

要提高学习能力，关键不在于干劲和毅力，也不在于追求特别的法则，关键是将理解的黑匣子可视化并理解其逻辑。

女子中学的入学试题大多是掌握了基础知识就能解答的题目。这并不意味着题目很简单，而是意味着学校并不希望招收那些没有扎实的基本功的女孩子。

当然，另一方面，孩子的才能和悟性存在差异，这是毋庸置疑的事实。但是，富有才能和善于悟性的天才基本不存在。绝大部分的孩子根本没必要去考虑悟性和才能这些东西。

●首先要不断增加"基础知识"的点
——点增加了，抵达"理解"这一终点的网络也将得到强化

基础是我最重视的部分，尤其是对处于"建造浴缸"这一"根基期"的孩子，必须让他们不厌其烦地反复进行基础学习。要让孩子反复地做计算题、国语题，以及社会、理科的背诵题等，直到他们真正掌握。尤其是以小升初为目标的孩子们，必须贯彻这个学习方式。

当然，虽然在小升初考试中，光靠基础就能解开的题目并不多，但如若没有基础，那么能够解开的题目也是寥寥无几的。

那么，应该怎么去解答光靠基础无法解开的题目呢？很多家长会认为这就要求孩子具备应用能力。但其实把基础知

识的点加以连接就能解题，"理解"就是这么回事儿。

例如，"镰仓幕府成立的时间是 1192 年""美利坚合众国的首都是华盛顿""三重县的县厅所在地是津"等一个个的知识点就是基础。也就是说，基础学习就是将一个个的知识作为"点"加以记忆的一项工作。

这种基础的点有很多，而掌握了这些点之间的有机联系，很多问题会很快迎刃而解。此时，点越多，抵达"理解"这一终点的网络就构筑得越精密。因此，无论多少基础学习工作都不会白费。然而，在现代社会，"增加点的工作"受到人们的轻视。例如，在中学的英语课上，比起背诵英语单词，如今的老师会优先让孩子用耳朵听、用嘴巴说。但是，真正掌握了英语这门语言的人是先在脑袋里装了很多英语单词，再把这些单词进行有机结合的。英语单词不识几个，就想要掌握英语这门语言，这是无稽之谈。

同时，认为"思考很重要"的这股思潮也造成了一些影响。

都说东京大学的试题"考验的不是知识储备量，而是思考的能力"，但一个大前提是考生储备了足以供思考的素材。VAMOS 有很多讲师是东京大学出身，他们中心考试的分数也堪称顶尖水平。他们的基础很强，这是理所当然。

而商人一般认为比起知识渊博的人，能提出好的创意的人才有价值。但是，胸中无物之人又何来创意呢？

所以，学习中非常重要的一点是增加"点"。

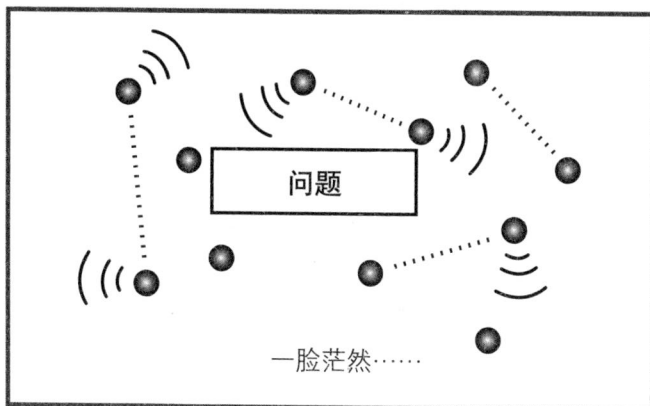

一脸茫然……

增加点并进行有机连接后

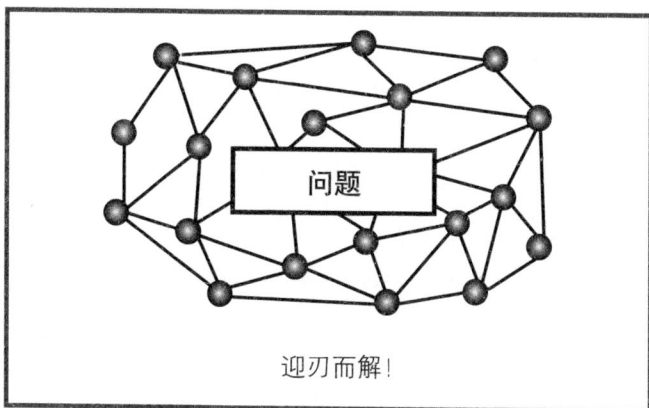

迎刃而解！

● "连接的能力"就是思考的能力
——在家就能做的连接"基础"点的学习法

要把在基础学习中所学的点进行有机连接，以实现"理解"的目标，有一套在家就能做的方法。

在 A3 左右大小的纸上写下许多要素点，然后让孩子连连看。此时，要让孩子用自己的话来说明"为什么这个点跟这个点连上了""那里发生了什么事情呢"。

至于要在纸上写一些什么样的要素点，这个完全随机。我们可以从报纸、杂志、孩子的教科书和地图册中找找看。

首先在纸的正中间写上一个要素，然后就像画思维导图一样，从这个要素开始，连接其他要素点并进行延伸。这种做法颇为有效。例如，在正中间写上"唐纳德·特朗普"后，就可以此延伸出几条线，包括"伊万卡""库什纳""会谈""朝鲜""新加坡"等。

孩子们虽然擅长背诵，但像这样的"连接"工作做起来却比较吃力，问题可能就出在日本的学校教育制度上。例如，社会学科被分为"日本史""世界史""地理"这几门课程，如此一来，课程之间就不存在横向的连接。由于孩子们已经习惯了这种学习方式，他们就没有那种意识：把自己好不容易记住的一些事件进行有机连接。请各位家长让孩子在家练习这种连接工作，让"连接能力"在孩子们的体内觉醒吧。

图表2 | 在家就能做的提高孩子 "连接能力" 的学习法

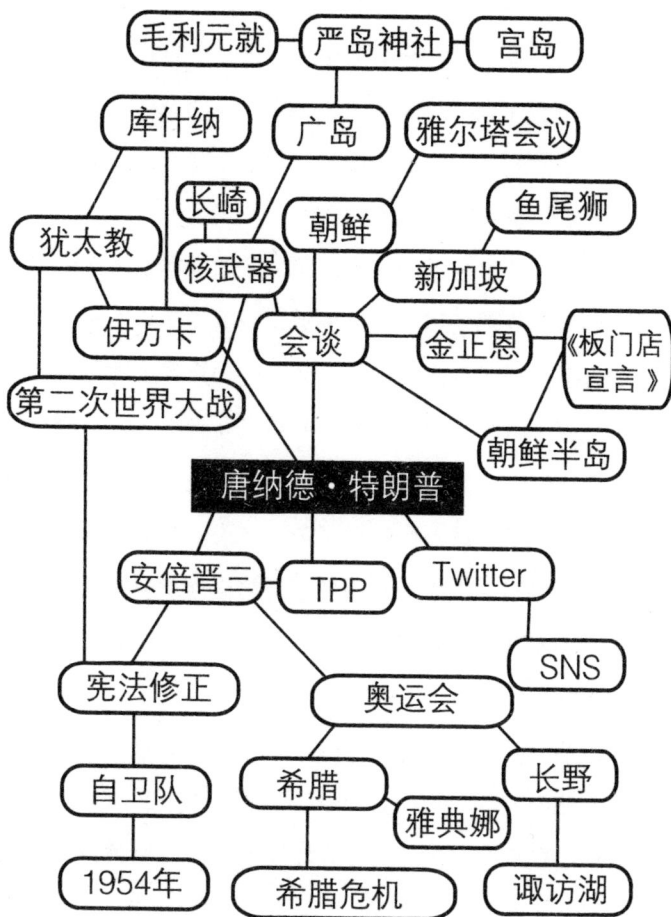

毛利元就 — 严岛神社 — 宫岛

库什纳　　　广岛　　　雅尔塔会议

长崎　　　　　　　鱼尾狮

犹太教　　朝鲜

核武器　　　新加坡

伊万卡　　会谈 — 金正恩 — 《板门店宣言》

第二次世界大战

朝鲜半岛

唐纳德・特朗普

安倍晋三 — TPP　　Twitter

SNS

宪法修正　　　奥运会

自卫队　　希腊　　　长野

雅典娜

1954年　　希腊危机　　诹访湖

●要求孩子具备"连接能力"的考试题目越来越多

——中学名校渴望拥有能将基础知识进行有机连接的大脑

在小升初考试中,越是名校的考试,仅靠背诵知识点无法应对的题目则越多,并且,题目的视角呈多样化的趋势。某中学的社会学科中,就出现了让孩子就"是否应该修订日本国宪法第9条"进行论述的题目。

此时,只是单纯地记住宪法第9条的内容无济于事,因为这个题目考查的是以自卫队的成立原委和实际情况、过去发生的战争和原子弹爆炸的受灾情况、如今的世界形势和恐怖主义问题等众多素材为基础,并将这些素材有机结合,进行深入分析的能力。

滩中学的理科试卷中出现了与"一天看到2次日出的方法"相关的题目。要解开这道题目,则必须综合考虑太阳升起过程中地轴和时间等多个要素的关系。这个题目考查的也是将基础知识的点进行有机结合的能力。

在以前的考试中,对于"1945年8月6日被投放原子弹的城市是哪个"这样的题目,考生直接回答"广岛"就可以了。但现在的出题思路采用"迂回战术",需要考生从奥巴马获得诺贝尔和平奖的理由出发,并最终抵达答案的终点"广岛"。

有些甚至是完全开放性的试题,如下面这道题:

教皇弗朗西斯科认为当今世界需要的不是墙，而是桥梁。你认为桥梁是什么呢？

对于这道题，考生肯定不能回答"桥梁就是用于过河的一种工具"。作为示范性的回答，考生必须就柏林墙和"令人叹息的墙"等隔断世界的墙进行论述，在此基础上，再推导出"桥梁是协作与和平的象征"这一结论。要解答这个题目，就少不了关于"冷战"、宗教战争以及隔断世界的问题的知识点。

乍一看感觉很有难度的一道题目，只要将它分解成一个个的要素，就一定能解开。孩子的学习与商业领域发生的纠纷一样，只要分解出问题的原因，就能加以解决。我们并不是要考生去做一些投机取巧的脑部工作，而是要让其学会怎么储备基础性的知识并用此分解问题。

原则 3：要掌握基础，必须"温故而知新"

每门学科必有应牢记的"九九乘法表"

●学习指导员偷偷关注的秘密指标有哪些？
——偏差值的增长≠学习能力的提高

家长衡量孩子学习能力是否提高的指标里，有一项是"偏差值"①。在小升初的模拟考试中，小学生也能收获颇高的偏差值。

然而，在类似考试中大多是凭公立小学所学内容无法解开的题目，最初孩子们往往会得到很低的偏差值。

当家长看到 29、30 这种超低的数值时，一定会备受打击："我家孩子真是个超级大傻蛋。"

此外，若这个偏差值没有上涨，家长就会做出错误的判断。他们会认为"这孩子现在的学习根本没有效果""这个辅导机构不适合这孩子"。

然而，偏差值上涨与孩子的学习能力提高，这二者本来就不能画等号，因为偏差值是一个相对的数值。尽管自家孩子学习能力大涨，但若周围的同学也都很努力，那么孩子的能力提高就很难在偏差值上有所表现。这是很常见的事。相反地，如果孩子参加了整体考生水平较低的模拟考试，那么就会收获较高的偏差值。因此，"提高偏差值"并无太大的意义，更重要的是提高学习能力。有很多孩子虽然偏差值没有上涨，但学习能力却提高了。

由于偏差值和成绩并不是孩子个人学习能力的绝对性指标，所以它们有时会扶摇直上，而有时却会停滞不前。在某种意义上，偏差值着实可疑。

---

① 偏差值：日本人对于学生智能、学力的一项计算公式值。偏差值 =[（个人成绩 - 平均成绩）÷ 标准差]×10+50。

但是，学习能力有努力就有差别。因此，我相信的是学习能力，而不是偏差值。我的指标是孩子"是否掌握了之前所学的内容""上周所学的内容，这周他是否会应用了"。

上周记住的内容，这周予以掌握；而这周记住的内容，下周予以掌握。就这样，一步步脚踏实地地实现阶段性的提高，那么孩子就有望考上理想的学校。

如此一步步脚踏实地所收获的知识，孩子不会轻易忘记，并且会不断积累下去。请各位家长不要因一个具有相对性的偏差值而让心情起起落落，而要去思考如何提高孩子的"绝对性学习能力"。

●每门学科都有诸如算术"九九乘法表"的基本功
——国语、理科、社会不打好基础，则无法提高成绩

在 VAMOS，首先我会让孩子们彻底理解基础的重要性，然后再让其一步步脚踏实地地逐步提高水平。由此，孩子们能掌握底子厚实的学习能力。

家长总是迫切地向辅导机构寻求"能够快速提高孩子成绩的魔法技巧"。但是，这种技巧并不存在。若真想提高成绩，则绝对不能绕过基础学习。忽视基础，则学习成绩不可能提高。

在解答算术题时，有一个绝对必要的基础，那就是"九九

乘法表"。若考生不能瞬间反应"8×9"等于"72",那么不管什么样的题目,都不可能在规定时间内解答出来。

而其他学科也存在类似于"九九乘法表"的必须掌握的基本功。例如,在社会学科中,要求必须用汉字记住所有的都、道、府、县及县厅所在地。

在我孩童时代,小学要求学生都要掌握这些。但现在,就算是中学教育也只把学习重点放在孩子们所居住的地区。因此,当孩子长大后,很多人都写不出自己从小长大的地区以外的都、道、府、县和县厅所在地。但如果孩子要参加小升初考试,这些则是他们必须掌握的基础。

同样地,理科和国语中也存在这种基础。

●在符合孩子水平的"现阶段水平"处,让孩子反复练习
——不骄不躁,保持自己的学习节奏很重要

要掌握基本功则少不了反复练习。以棒球为例,最初是反复练习投接球和空抡,接下来是反复练习打球。家长要让孩子逐步提高所学内容的水平,就必须让其掌握扎实的基础。

同样地,在VAMOS,我们也在根据孩子的水平,让其对基础知识进行反复学习。此时,水平阶段得到仔细分解后,孩子就会很清楚自己的"现阶段水平",即"自己应该从哪个

部分开始加强反复练习"。

下一页展示的是 VAMOS 正在应用的"计算 64 步"。各位会看到，仅一个加法，就分成了 6 个阶段。

对于无法快速解答出"23×7""47×6"这类两位数乘一位数的乘法题目的孩子，如果让他们做两位数乘两位数的题目，那花费的时间就更长了。当然，答题的正确率也不高。

此时，如果家长给孩子施加压力说："你们都学到两位数乘两位数了，可以开始做题了。"然后就逼着孩子做题，这并非良策。总而言之，要先让孩子彻底反复练习两位数乘一位数的乘法运算，等其掌握后再进入下一步的学习，这样才能提高孩子的学习能力。

女孩子虽然普遍不擅长算术和理科等涉及计算的学科，但彻底地反复学习"计算 64 步"，对于打好基础非常重要。

图表3 | 把握孩子的现阶段水平的"计算64步"

步骤	内容	步骤	内容
1	加法（5以内）	33	分数的加／减法（分母相同）
2	加法（6—9）	34	分数的加／减法（通分，使两边分母相同）
3	加法（20以内的两位数＋一位数）	35	分数的加／减法（用最小公倍数通分）
4	减法（一位数－一位数）	36	分数的减法（需要倒数的计算）
5	减法（20以内的两位数－一位数）	37	分数的乘法
6	加法［两位数＋两位数（进位）］	38	分数的除法
7	加法（三位数＋不超过两位的数字）	39	小数、分数的变换
8	加法（三位数＋三位数）	40	小数和分数的混合计算 分数的计算总体核对
9	减法（两位数－两位数）	41	整数的四则运算
10	减法（三位数－不超过三位的数字） 加法、减法总体核对	42	小数的四则运算
11	乘法（1—5）	43	分数的四则运算
12	乘法（6—9）	44	带括号的整数的四则运算
13	乘法（两位数×一位数）	45	带括号的小数的四则运算
14	乘法（三位数×一位数）	46	带括号的分数的四则运算
15	乘法（两位数×两位数）	47	整数、小数、分数的四则运算
16	乘法（三位数×两位数）	48	带括号的整数、小数、分数的四则运算
17	除法（两位数÷一位数，没有余数）	49	计算的方法（计算的顺序）
18	除法（两位数÷一位数，有余数）	50	计算的方法（分配、结合法则的利用）
19	除法（两位数÷两位数）	51	计算的方法（部分分数分解） 综合计算练习
20	除法（三位数÷两位数） 乘法、除法总体核对	52	倒算（仅加／减法，仅两项）
21	所谓的小数是什么？	53	倒算（仅加／减法，三项以上）
22	小数的加法	54	倒算（仅乘／除法，仅两项）
23	小数的减法	55	倒算（仅乘／除法，三项以上）
24	小数的乘法（整数×小数）	56	倒算（四则混合）
25	小数的乘法（小数×小数）	57	倒算（包括括号）
26	小数的除法（小数÷整数）	58	倒算（小数，仅两项）
27	小数的除法（小数÷整数，没有余数）	59	倒算（小数，三项以上）
28	小数的除法（小数÷整数，有余数）	60	倒算（小数，包括括号）
29	小数的除法（小数÷小数，没有余数）	61	倒算（分数，仅两项）
30	小数的除法（小数÷小数，有余数） 小数的计算总体核对	62	倒算（分数，三项以上）
31	假分数、带分数的变换	63	倒算（分数，包括括号）
32	约分	64	倒算（整数、小数、分数混合） 倒算综合练习

●背不下来的原因是没用对方法
——一起寻找最适合孩子的"背诵方法"

要掌握基础，只能进行反复学习，而由此获得的成绩提高率是因人而异的。同样是每天花2个小时学习，有的孩子成绩突飞猛进，而有的却不见起色。

认定这是"与生俱来的能力的差距"未免为时过早。在多数情况下，孩子成绩不尽如人意，问题出在训练方法上。

以背诵方法为例，基础学习必不可少的背诵方法不止一个，有"听""说""读""写""看"的方式可供选择。"看"的话，不仅限于教科书或参考书，也可以使用智能手机的应用程序。而"听"和"说"则是家长一起参与学习时的好方法。

要说哪种方法最好，这因人而异。观察学生们实际的学习情况会发现，有靠书写来记忆的孩子，也有靠说出口来记忆的孩子，也有认真盯着文字来记忆的孩子，因此不能一概而论地判断"这个方法比较好"。寻找最适合孩子的记忆方法的最好方式是，让孩子去尝试和犯错。

当然，选择背诵方法，也无须吊死在一棵树上。就算是喜欢"写"的孩子，根据他当天的心情，也可以适当地增加"读"或"听"的方式，只要孩子能够高效地记忆就行。对于容易厌倦的孩子和专注力差的孩子，家长还需要在变换学习模式上下功夫。

此时，重要的是尊重孩子的自主性。请家长们尽可能地为孩子创造一个愉悦的学习环境。

原则 4：构筑可全身心投入学习的环境

能将打破限制器的"绝对性学习"进行到什么程度？

●为何女孩子会在中途乱了节奏，失了速度？
　　——让她从比较向自我集中，从量向质转变

男孩子与女孩子的学习方式存在根本性的差异。由于男孩子全凭兴致和个人喜好开展行动，因此他们首先必须从学习的常规化着手。而女孩子则不同，女孩子早已制订好日常学习计划，因此，可以进一步争取提高她们日常学习计划的质量。

此外，女孩子的学习态度大多很认真，平常就会在"量"上花很多时间。重视量是女孩子的基本立场，多数女孩子都掌握了一定的基本功。不过，也有部分孩子一味地注重"量"，但无法灵活运用好不容易才掌握的基本功。这就需要她们实现从量到质的转换。具体来说，就是要她们思考如何集中注意力，并深化学习成果。

当女孩子无法真正集中注意力时，那么"在意周围环境"

的情绪会严重影响她的学习状态。也许是出于女性本就注重和谐的本性，女孩子十分在意"其他人都进展到什么程度了""要怎么做，老师才会表扬我呢"，说句不中听的话，她们从小就会先观察周围人的脸色再行事。

女孩子所开展的是拿自己的学习与他人相比较的"相对性学习"，她们无法开展只关注并提高自身学习能力的"绝对性学习"。

而这就是女孩子才有的学习壁垒。在学业上比男孩子早开窍，并将他们甩在身后的女孩子，之所以在关键时候乱了节奏，失了速度，是因为她们无法全身心地投入绝对性学习中。

当然，也有一些女孩子受优秀朋友的影响而不断提高。这种积极的模式是存在的。但是实际上好孩子明明还能更上一层楼，却始终没什么起色的例子不胜枚举。

如何帮女孩子打破这些限制器是很重要的课题。

●构建能够全身心投入学习的环境
——说什么"不用去在意周围的人"，只会适得其反

对女孩子说什么"不用去在意周围的人"，只会适得其反。女孩子本就会从周围环境中去找寻自己的存在价值。若否定周围事物，那么与否定其存在无异。

因此，家长们必须在理解她们的这种特性的基础上，构

建一个使孩子能够全身心投入学习的环境。在这种环境下，女孩子会变得所向披靡，无往不胜。本来女孩子在学习上就开窍早，她们会以绝对优势领先男孩子，冲过终点。

那么，究竟什么样的环境能够让女孩子集中精力呢？其实，这点很难把握，因为女孩子无法像男孩子那样单纯地思考。"合适的环境"是因人而异的，家长必须准确地把握孩子的特性，从而打造适合她的环境。

而这其中的关键就在于是否建立了日常的信赖关系。

由妈妈抚养的单亲家庭中的女孩子普遍在应试方面有更亮眼的表现。我想这大概是因为有一股想要为了妈妈而努力的干劲在支撑着她吧。此外，若亲子之间建立了可靠的信赖关系，那么能够集中精力的环境就算形成了。

家长所设想的最佳环境，是否对孩子而言就一定是最好的？这点我无从得知。

关于环境的构建，我会在后文做详细说明。这需要家长去探索和发现。

●舒适的环境是集中精力的必要条件
——要避开女孩子讨厌的脏乱环境

女孩子都很在意学习的环境。

在 VAMOS，有一些学生会准备一套自己学习的行头，比如自己常用的坐垫或毛毯等。而毫无疑问，这些都是女孩子。

此外，她们也喜欢准备一些自己中意的可爱文具，比如，笔盒和铅笔等。对此，我们要予以尊重。不过，当女孩子的这种倾向表现过度时，则必须多加注意。

我在后文也会谈到，这是孩子开始拒绝集中精力学习的一种精神层面的迹象。我们大人必须理解这种迹象，并从不同的方面着手，为孩子准备一个舒适的环境。

此外，女孩子讨厌凌乱、脏污的环境。客厅里，父亲四仰八叉地躺在沙发上，让她在这种环境中学习，那是不可能的事。并且，她们还具备对人际关系的洞察力。若父母关系冷淡，那么她们会对此耿耿于怀，难以集中精力。

除此之外，厕所和盥洗室等生活空间，也请尽可能收拾干净吧。切勿因为这些小事而影响女孩子的心情。那么，这时候，母亲心细如发的关爱就派上用场了。

有些女孩子在 VAMOS 始终无法集中精力学习，只因这个环境完全不同于其成长的家庭和习惯了的学校。

关于这种情况，对男孩子嚷句"磨磨叽叽的"也许能管用，但是对女孩子却行不通。这就需要大人们根据每个孩子的特性，去思考：对孩子而言，什么样的环境才是最好的？家长能为她做些什么？

原则5：稍微打乱女孩子的"左右脑平衡"

越具社会性，则越容易被看不见的压力所折磨

● 女孩子的大脑发育较为均衡，擅长处理多重任务

——对于不擅长的学科，不要放弃，要孜孜不倦地下功夫

正如我前面所说，人类的右脑掌管的是空间认知能力，而左脑则掌管着语言能力。

男孩子左脑发育迟缓，右脑远比左脑发达，而女孩子则左右脑发育得相对均衡。

因此，女孩子比男孩子说话早。当然，女孩子的国语成绩也很亮眼。

此外，女孩子连接左右脑的脑梁比男孩子的粗且结实，因此左右脑之间的联系也更顺畅。基于这种脑部特征，女孩子能够同时处理多项任务。并且，她们还擅长纵观全局，能对学习进展和考前学习安排进行整体的把握。

不过，女孩子的右脑不如男孩子发达，因此其空间认知能力较弱，普遍对算术和理科没有好感。

从脑部特征的角度来说，要喜欢上无法喜欢的事物，这是痴人说梦。还是尽量抓住重点，与不擅长的事物好好相处吧。

比如，做够一定量的计算题，算术成绩就会有所提高，并且理科有很多女孩子擅长的背诵题。不妨以这种方式，在可行的范围内学习算术和理科。

考虑到女孩子普遍不擅长算术和理科，因此一点一滴的进步都显得意义格外重大。重要的是"不放弃"。

●帮她培养对周围环境的"钝感力"
——敏感的"社会性"会让女孩子很疲惫

从对出生后不久的婴儿的调查研究中我们可以发现：男孩子和女孩子在"用眼睛追寻对象"这一点上存在差异。

男孩子会把目光投向"物"，而女孩子则对"人"感兴趣。

我想这或许与我们远古的祖先的生活方式有一定的关联。迎来文明社会前的人类靠狩猎和采集生活。男人们外出狩猎时，女人们则采集树木的果实，同时她们还担负着一边抚育孩子一边守护村落的责任。

女孩子生来就对人感兴趣，这大概是因为守护村落就必须与他人进行交流的缘故吧。

善于交流固然是好事，但有时这会让女孩子身心疲惫。

当女性在工作上遭遇失败时，因个人评价下降而给周围的人带来麻烦这件事情会让她们十分痛苦。这也是想要守护自己所属的集体的女性特有的一种感受。

小学阶段的女孩子也是如此。她们从小就背负了太多，比如父母的期待，与周围人之间的关系等。她们难负其重，几近崩溃。我认为，有必要进一步帮助女孩子培养其对周围环境的"钝感力"。

●女孩子的"集体包袱"较重
—— 她们会下意识地避免自己一枝独秀的局面

小学高年级的女孩子，在情感上已初现敏感的端倪，她们已向成人阶段迈出了一步。在这样一个时期迎来小升初考试，对女孩子而言，是一个很大的学习挑战。

相较之下，男孩子是100%的小孩。他们十分单纯，认为世界就是围着自己转的，情绪容易被带动起来。

我偶尔会在电视上看到这样的画面：有些辅导机构让参加小升初考试的孩子们缠上写有"必胜"等字眼的头巾，并信誓旦旦地喊一些加油打气的口号。

以这种方式来提升士气的，必然是男孩子。若让女孩子干这种事，她们会觉得很傻，恕不参与。女孩子"恬而知耻"，容易害羞，无视这一点而一味地督促其努力学习是无济于事的。

此外，女孩子"要与周围人统一步调""要避免自己一枝独秀的局面"的观念很重，而男孩子却不会。因此，若其他人表态认为那样做很蠢，那么她就绝不会撸起袖子自己干。

●她们的心里话：不用拿第一，不垫底就行

——为什么以竞争原理来煽动女孩子的胜负欲，反而会适得其反？

在 10 个人的考试中，男孩子会想拿 10 个人当中的第一名。他并不觉得倒数第一是很丢人的事情，因此如果拿不到第一名，那么第二名和倒数第一名也没有太大区别。

而女孩子首先希望的是不要拿倒数第一。她们可以不拿第一名，拿中上的名次就足够了，但一定不要拿倒数第一。出于这种心理，她们并不想参与到必须决出一个倒数第一的竞争中。

在学习以外的事情中，男孩子喜欢的是棒球和足球等能够一决高下的项目。而女孩子多参与的是芭蕾舞和钢琴等注重自我技能提升的学习，因为她们还不习惯与他人决一胜负。

女孩子与男孩子不同，她们讨厌互看考试分数，也不想跟朋友分享自己的学习进展等情况。明明已经学了，但嘴上却说"还没"，这就是女孩子。而这一切都是出于女孩子想要避免失败和落败的特殊心理。以竞争原理去煽动具有这种特点的女孩子的胜负欲，实非良策。

●女孩子过分在意别的事物是一种危险的信号

——"过分整洁的随身物品"恰恰是她不专心的证据

我时常会观察孩子们的随身物品。

99.99% 的男孩子，书包里都是一团糟。若男孩子小学阶段就能整理好书包里的东西，那么他在学习上的表现也应当不俗。

另一方面，几乎没有哪个女孩子的书包是乱糟糟的。而对于女孩子的随身物品，必须注意"是否过分整洁"。

女孩子本就喜欢可爱的文具用品，比如，装饰有卡通人物的笔和彩色便签等。这倒无妨。

不过，当这类文具用品的数量超出使用需求，甚至有收藏的意味，抑或是笔盒被收拾得过分整洁时，那么这个女孩子未能专心学习的概率较高。

在工作方面亦是如此。工作出色的人，其随身物品大都很简洁。制作资料时，用彩色笔对内容进行过度区分标示的人，本质上其实是在逃避这项工作。

书包等文具整洁干净，这固然好。然而，这不过是一种手段，而非最终目的。用这种手段来逃避，从而让自己产生已经着手做某件事的错觉，这种例子在成人中也不少见。

"过分整洁的随身物品"，其实是女孩子发出的重要信号。

男孩子感到压力，或学习不开心时，会立马表现在脸上。然而，女孩子倾向于隐藏自己的情绪。多数情况下，当家长察觉之时，已经为时已晚。

女孩子的情绪一旦变得糟糕，需要很长一段时间来恢复。请家长们尽早捕捉孩子的这种信号，以避免其情绪恶化。

第3章

学习和工作都受益的『思考力』养成法

构筑可连接知识点的思考基石的14个方法

步入社会后，"思考力"依然是一种必备能力。不过，所谓的"思考力"这种技能本身并不存在。要学会自主思考，则必须具备思考的基础能力。比如，知识、词汇、经验、阅读理解能力等。那么，究竟应该如何才能有效地掌握这些思考的基础要素呢？

1. 思考力与"知识储备量"成正比

所谓的"思考力",就是将知识点进行有机连接的能力

在 VAMOS,我们会彻底开展对基础性知识的反复学习。但在小升初考试中,空有基础性的学习能力是没有用武之地的,有很多题目要求考生通过"思考"解题。为此,有些家长不禁担心:"你们只是一个劲儿地强调基础,如果不让孩子掌握一些思考力,那……"

但是,如之前所述,思考力是基于基础性知识的储备而产生的一种能力。连文字都看不懂的孩子,自然是读不懂晦涩的书籍,也写不出优秀的作文的。没有储备好基础性知识的孩子是无法磨炼出"思考力"的。

在职场中,"思考力非常重要"这句话怕是听到人们耳朵都要生老茧了。

但是,这个说法其实有些莫名其妙。究竟大家是以何为标准判断所谓的"思考力"呢?

当做了一个完美的展示，并拿到客户的订单时，是思考力在发挥作用吗？我想圆满完成展示的原因是员工储备了一些基础性的职场技能，比如分析各行各业的数据，制作简明易懂的资料，解读市场的需求，使用能打动客户的恰当措辞。

至少，"思考力"并不是凭空出现的，人们只有在综合了一系列基础性的职场技能的基础上，才能进行准确思考。

对于孩子们而言，如果基础性知识属于"已知"范畴，那么思考力涉及的就是"未知"。就算孩子记住了参考书的大量内容，增加了已知的量，也无法马上理解未知的事情。例如，未曾见过的图表出现在考试中，考生会很焦虑："这是什么？这些知识我完全不懂啊。"

但是，只要将迄今为止所学的已知要素进行组合，就能理解那个图表的意思。

即使是迄今为止从未解答过的未知领域的题目，也能通过从已知的知识中抽取一部分加以使用来得到答案。

而另一方面，如果基础性知识的储备量不够，那么无论怎么努力都解不开那道题目。

所谓思考力，换言之就是"将一个知识点进行有机连接的能力"。此时，若一心只想延长加粗所连的"线"，则会收效甚微。我们应该优先增加知识的"点"，因为点多了，线也会不断连接下去。

2. 比起文字，孩子一般是通过"会话"获得知识

漫画和动漫有助提高思考力

思考力所依赖的知识不一定都要从参考书等所谓的"学习教材"中获得。书籍不用多说，漫画、动画和电影也大有益处。通过接触这些素材，尽可能增加多样化、范围广的知识，可以提高孩子的思考力。

相较而言，女孩子更喜欢阅读，同时她们偏爱具有故事性的电视节目，如面向成人的电视剧等。女孩子从中可以获取大量信息。因此，请让孩子空出时间消遣一下吧。

不过，女孩子一旦沉迷于电视剧，就容易将学习抛诸脑后，因此做好时间管理很重要。

要拓宽孩子的知识面，家庭的会话也很重要。在和父母谈话的过程中，无论是政治、经济的素材，还是社会上发生的事件甚至包括绯闻，都会极大地扩充孩子的知识储备量。

即便是聪明好学的女孩子，小学阶段时阅读文字也会较为吃力，而"聊天"可以开启其知识的开关。

女孩子是通过和母亲聊天，来了解这个包罗万象的社会的。料理、时尚、成人间的礼仪等，什么话题都可以，请家长们在会话中逐步地涉及相关内容吧。

当然，父亲也不能跟没事人似的，以不懂女孩子在想什么为由，逃避作为父亲的责任。工作的事情也好，兴趣方面的话题也罢，父亲都跟孩子说说吧。

不过，请不要忘记一点：女儿不是你公司的员工。请以家人之间的共情为基础，给孩子讲讲她想知道的事情吧。

3. "背诵诀窍"会提升思考力

"高效的记忆方法"可以提升思考力

对于擅长背诵的孩子，要尽量避免让他背诵。这句话可能有些自相矛盾，因为我认为要极力地减少记忆量，从而提高效率。

假设孩子们有 100 个项目需要记忆，那么并不是说要让他们完完整整地去背诵这 100 个项目，而要让他们各自赋予其意义再自行记忆。

例如，在记忆"创建镰仓幕府的是源赖朝"这个知识点时，要联想到从这个知识点衍生出来的其他将军的名字及其与天皇家的联系、发生过的事件等，要带着关联性去记忆。

又或者，在记忆汉字时，要在思考其意思的同时进行记忆。如，"泳"字是因为和水有关，所以偏旁是三点水；"炒"字是因为要用火，所以才有"火"字旁。

这样的窍门直接关系到思考力。

以前，VAMOS 的孩子们在讨论汉字的时候，聊到"为什么漫画的'漫'偏旁是三点水"的问题。有个孩子就说道："是不是因为看漫画的时候大笑然后唾沫横飞呢？"

不管事实是否如此，通过这番对话，在场的孩子们肯定都牢牢地记住了"漫画的'漫'偏旁是三点水"。

所谓思考力，就是这样的东西。没必要愁眉苦脸、哼哼唧唧，事事钻牛角尖。

4. 学习能力存在各门学科的联动性

如英语成绩可靠"国语能力"来提升

在现阶段的小学教育中，英语属于"外语活动"，而非正式的学科。到中学阶段，英语才会成为正式学科。

在国际化的时代，家长十分关心孩子的英语能力。如果孩子的英语成绩不好，他们就会惴惴不安，觉得自家孩子英语能力太差了。确实如此，英语成绩差强人意正是因为欠缺英语能力，而长篇阅读理解题做不来其实是因为国语能力有待加强。

其实，在英语的长篇阅读理解中做出匪夷所思的解答的中学生，在试题全部翻译成日语后，其解答也一样令人费解。也就是说，他们没有真正理解日语的含义。

让这些中学生加强国语的学习后，与之联动的英语学科的成绩随之提高的例子不胜枚举。

对于小学生来说也一样，各门学科之间都具有联动性。

仔细观察那些做不好理科题目的孩子后会发现，他们在吐槽理科时，其实连算术的基础知识都没搞懂。

由此可见，对于孩子不擅长的学科，家长不能仅从该学科本身找问题，还必须研究与其他学科之间的联动性。

男性家长往往认为"思考力＝理科能力"，这其实是一种偏见。通过提高女孩子所擅长的国语的阅读理解能力，是完全有可能掌握思考力的。

正如登富士山有吉田路线、富士宫路线、御殿场路线等多条途径。家长们若认可那条适合孩子的登山途径，那么她会获得一种安心感，从而培养出踏踏实实地思考的能力。

5.阅读理解能力也能靠"听"来提升

学习能力会因"问题的理解方式"而拉开大的差距

我们那个时代的男孩子都特别喜欢《少年JUMP》之类的连载漫画杂志。要说同年级的女孩子，喜欢少女漫画的很多，沉迷于小说的也不少。想必各位家长也是吧。

不过，现在的孩子是属于动画的一代，他们甚至连阅读漫画上的文字都觉得麻烦。有小学老师就曾指出，与做父母的那一代人的孩童时代相比，当今孩子的国语能力明显下降了。

然而，由于孩子在日常生活中的会话都没有太大问题，因此家长很难察觉到孩子的致命弱点——国语能力不足。

而不管是理科，还是算术，"所有试题的文字都是国语"，因此，若孩子们欠缺国语的理解能力，那么他们在考试中绝无胜算。

事实上，有很多孩子落于人后是因为他们在理解题目时花了太多时间。这个题目到底考查的什么？他们对题目本身的意图一头雾水。在下一页的内容中，我会向大家介绍涩谷教育学园涩谷中学的理科真题。不管孩子理科有多强，不具备一定的国语能力，是无法读懂题目并解出答案的。

只有提高孩子阅读国语文章的能力，才能提高国语以外的学科的成绩，这点毋庸置疑。

那么，对于没有国语阅读理解能力的孩子，如何让他们掌握这种能力呢？与给完全理解不了英文的人看英文报纸，他只能放弃是一个道理，突然让孩子阅读篇幅很长的文章，只会收效甚微。首先，家长要让孩子切实地阅读并理解一些短句，然后不断积累这种学习经验。

而此时重要的是家庭的会话。对于不擅长用眼睛阅读并理解文字的孩子而言，家长要给他们的耳朵不断地输入一些单词，并适当地进行说明。

阅读以下文章并回答后面的问题

　　海龟是栖息于海里的一种大型乌龟，全世界共有7个种类。其中，在日本的近海，经常可以观察到蠵龟和绿甲海龟这两个种类。在水族馆和潜水运动中颇受欢迎的海龟，几乎都面临着灭绝的危机。为了保护濒临灭绝的生物，则必须弄清该生物的生态信息。比如说，它栖息在什么样的场所？以什么食物为生？寿命多长？从几岁开始进入繁殖期？死亡的原因会是什么？通过加深对海龟这种生物的理解，我们可以对其采取适当的保护措施。

　　海龟的生态信息可以通过对捕鱼时被误捕的海龟，或者漂浮在海岸边的海龟的尸体等展开调查而取得。其中，为了产卵而上岸的海龟也是十分宝贵的情报来源。为了产卵，海龟会在夜里上岸，在沙滩上挖一个被称为"产卵巢"的洞穴，然后在里面产卵。海龟会在1个小时左右的时间内一次性产下100颗左右的卵。产卵中的海龟不会乱跑，因此可以测定其甲壳的长度，确认其所产下的卵的数量。海龟产卵后，会把洞穴埋起来，然后回到海里。

　　海龟的卵会在2个月左右以后孵化，变成小海龟。小海龟到了夜里，就会从产卵巢里逃脱出来，出现在海滩上。从产卵巢逃脱出来的小海龟进入被称为"Frenzy"的兴奋期后，会剧烈地舞动四肢，从海滩爬向海里，然后从沿岸地带游到海上。这个兴奋期会持续大约1天的时间。托这个兴奋期"Frenzy"的福，小海龟才能够尽快从栖息着众多鱼类和海鸟等捕食者的沿岸地带逃脱。

　　对于海龟来说，日本是它们在北太平洋地带的重要产卵地。尤其是蠵龟，据称这个种类的海龟的产卵范围十分广泛，遍布从千叶县到冲绳县的太平洋沿岸地区。在这些地区，以当地居民为主的人士积极开展着保护海龟的活动，其中一个典型的例子就是"放生海龟"的活动。<u>这个活动的流程就是：人类先将海龟的卵回收，并进行人工孵化，等小海龟长到一定大小后，再让它随着波浪返回海里。</u>此举虽然可以平安地让海龟从卵长成小海龟，但也被诟病存在很大的问题。

　　问题1：对生物进行同类划分时，请用符号从以下的A~E中选择一个与海龟最为相似的生物。

　　A 黑斑蛙　B 红腹蝾螈　C 鲵　D 高鳍蛇鳗　E 多疣壁虎

　　问题2：刚孵化的小海龟当温度较高时就会反应迟钝。这对于小海龟来说，有什么好处呢？请用符号从以下的A~D中选择一个适当的答案。

　　A 可以提前适应寒冷的海洋里的生活
　　B 在不利于生存的夏天，不会进行孵化
　　C 在捕食者较多的白天，不会前往沙滩
　　D 产卵巢中的温度不会再上升

　　问题3：海龟在产卵的时点仍处于雄雌未分的状态。海龟是雄是雌，取决于产卵巢里的温度。

（1）图 1 所示的是产卵巢里的温度及从该产卵巢孵出的小海龟中的雄性小海龟的比例。以图 1 为基础思考，在高于多少摄氏度后，海龟就会变成雌性呢？请回答出这个温度。

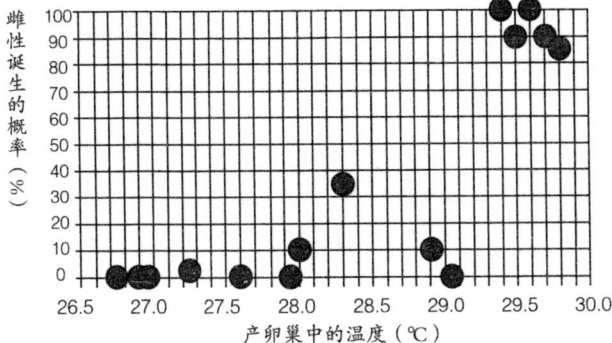

图 1 产卵巢中的温度与雌性诞生的概率

※ 基于 Maxwell et al.（1998）制作而成

（2）冲绳的海滩是由珊瑚尸体碾碎而成的珊瑚沙所形成的。因此，孵化的小海龟，在冲绳的海滩上雄性居多，而在本州的海滩上则雌性居多。为什么在由珊瑚沙形成的冲绳的海滩上会诞生更多的雄性小海龟呢？请回答其原因。

问题 4：逃脱到海里的小海龟会顺着海流移动。这个时候，小海龟与"Frenzy"的状态正好相反，它们四肢几乎无法动弹。这对小海龟而言，有什么好处呢？请从 A~D 中选择一个适当的答案。

A 不容易被捕食者发现
B 发现食物的可能性变大
C 可以始终保持较高的体温
D 可以确实地抵达目的地

问题 5：如文中下划线部分，将小海龟养育到一定程度后再放生，将会让小海龟面临什么危险呢？请仔细阅读文章后作答。

2017 年涩谷教育学园涩谷中学
（我编辑了部分试题，以供本书的说明用途）

同时，通过逐步增加单词的种类，提高单词的难度，孩子的词汇量自然会有所增加。

如此一来，用耳朵听"懂"的单词，用眼睛看也容易理解，最终孩子就能慢慢理解一篇文章。

家长读给孩子听的方法，也颇有效果。所读的书籍不一定是绘本，只要是孩子感兴趣的书即可，请家长们给孩子读一读他们感兴趣的读物吧。此时，家长要用手指指出自己正在朗读的部分，通过这种方式，孩子所听到的"声音"和所看到的"文字"就联系在了一起。

6. "阅读习惯"是思考力的基石

不要设太高的难度，给孩子读些她"想读的书"

与电视和动画这种信息的画面感很强的工具不同，书籍要求读者具备自行解读的能力。以"雨淅淅沥沥地下着"这个句子为例，由于没有提供画面，因此读者只能自行想象下雨时的具体情境。

读书是适合培养孩子的思考力的一种方式，然而现在的孩子都与铅字不甚亲密。如果想让孩子养成读书的习惯，最好让她们读一些自己感兴趣的读物。

若丢给孩子一本诸如《法布尔昆虫记》之类的古典读物，

这只会败了她读书的兴致，并让她讨厌理科。在女孩子普遍擅长国语的背景下，若她讨厌阅读，则会处于很不利的位置。首先，请家长们以消除孩子对铅字的抵抗为目标，优先给孩子选择她们想读的读物。

7. "经验量"与思考力成正比

思考之源泉不在于想象力，而在于"知识"与"经验"

所谓思考力，究竟是什么呢？

如果说思考力是一种想象能力，听起来倒是很酷。但我认为思考力是接近于从各种各样的选项中选出正确答案的一种能力。

脑袋里凭空就会跳出一个新的创意，就算是对我们大人来说，都是痴人说梦。几乎所有的创意都不过是将过去所学的某个知识点与某个知识点进行有效连接的结果，又或者是凭着一些经验而得到的结果。"A 不行，那么肯定是 B 或 C了""B 也不行，那可能是 C 了"，像这样，对过去的经验进行连接并做出取舍的能力，才是思考力。

也就是说，经验的积累是思考力的母体。

烹制出美味佳肴的厨师，不仅在使用材料和调味料方面有着丰富经验，还积累了品尝美食方面的经验。

因此，家长平常在家就要让孩子积累各种各样的经验，这很重要。

像旅行这种大动干戈的活动没有必要，可以让孩子进行打羽毛球、做传接球之类的游戏，帮忙做一些诸如洗车、清洗卫生间、晾衣服之类的家务事。通过这些事情，孩子会记住平常没有机会接触的词句，而这些有利于构筑思考的基础。

同时，像饭后洗碗这样的活儿，孩子最开始可能不得要领，但是多洗几次，她自己就会明白，原来这么洗效率会高。日常生活中所积累的经验，在完全不同的状况中，也会成为助力思考的工具。

8. 将错误可视化

以信赖关系为基础，告诉孩子犯错并不可耻

仅从一道计算题中，我们就可以看出男孩子和女孩子在解题过程中的差异。

男孩子一开始就急于动笔，结果发现"啊，这儿错了""咦，那儿错了"，来回涂改好几次，在重复尝试和犯错的过程后，才写下正确答案。他们喜欢这种方式。

不管怎样，动手做就对了，这样既会留下犯错的痕迹，也能看到自己正确解答的过程，从而获得提高。

女孩子很讨厌用橡皮擦把讲义擦得破烂不堪。因此，她们会先在脑子里思考解题步骤，确定"差不多就是这个思路"后，才开始用铅笔作答。这样做卷面会很整洁，但是解答的过程就不复存在了。

不过，女孩子对可视化的重要性有足够的了解。只是她们讨厌卷面不整洁，讨厌留下自己犯错的记录，因此无法做到男孩子那般单纯的可视化。

那么，对于女孩子，我们必须告诉她犯错不是坏事，留下犯错的痕迹并不可耻。如若不然，她就很难打破在大脑中解题的习惯，获得进一步的成长。

女孩子就是不想让朋友看到脏兮兮的讲义。对于这点，家庭能发挥很大的作用。请家长们帮助孩子在建立了信赖关系的安心环境下，把犯错的过程可视化，百尺竿头更进一步吧。

9. 通过测试锻炼"实践能力"

高效的输出需要"条件反射"般的反应

孩子的输出能力很差，这点超乎我们大人的想象。明明脑子里有一堆解题的素材，可无从下手。因为孩子在这方面的实践能力比较薄弱。

孩子的大脑正是处于一种"便秘"状态。他们处于一种"知道脑子里有这么个东西，但却不知道放在哪里，无从下手"的窘况。

小升初考试要求考生在规定时间内高效地提取解题所需的知识点，而这就要求一种条件反射般的快速反应。这就需要让孩子平时多参加模拟考试，反复进行将所输入的知识点进行输出的练习。

各位家长不要单纯因为孩子在模拟考试中的分数是否有所提高或喜或忧，而应该关注孩子是否在输出能力方面有所变化，是否积累了高效地提取必要的知识点的经验。

10. 让思考力与"处理能力"齐头并进

"时间管理"与"处理的速度"会让孩子拉开差距

思考力的另一端就是"处理能力"。

在职场中，有善于出谋划策的人，也有行政工作干得很利索的人。

对大人而言，具备思考力的人基本都具备很强的处理能力。根据情况，他们对这两种能力多是分开使用。在成人社会中，暂且不说哪一种能力的作用比较突出，反正这两种能力都是必要的。

体育界也一样。不管球员多么擅长足球战术，若无法准确处理传到自己跟前的球，那么战术也派不上用场。

但是，现实中有些孩子难得具备了思考力，却因欠缺处理能力，导致无法取得理想的考试成绩，这种功败垂成的例子数不胜数。这些就是所谓的"只要去做倒是能成功"的孩子。这些孩子并不擅长"时间管理"和"计划"。不过处理能力易于后天培养。比起思考力，处理能力更有机会获得公平提升。

滩中学的入学考试分两天进行。第一天考查的是快速解答参考书里所列的问题的处理能力，第二天考查的则是思考力。最终，学校将根据这两种能力的总分确定孩子是否合格。

而在其他一般性的小升初考试中，这两种要素混合得比较暧昧。不过，不管怎样，如果在规定时间内，孩子无法完成弄清并处理必要的知识点的任务，那么就考不好。

因此，在因思考力而伤脑筋之前，让孩子掌握好处理能力，这很重要。尤其是，针对女孩子的考试中有很多题目考查的是处理能力。

让孩子在模拟考试中积累经验，由家长规定时间，让孩子解答一些题目。而在时间分配和计划执行方面，家长可以发挥监督作用。

11. 家务事是锻炼"处理能力"最好的方式

让她从把握全局的宏观层面帮忙，而不是微观层面

女孩子做事本来就很认真。她们会遵守规定的时间和计划。她们大多不会偷懒，而是认认真真地完成每一项工作。

然而，在实际的入学考试中，孩子们必须在规定时间内获得尽可能多的分数，因此她们要掌握更具实践性、更多元的处理能力。

这就轮到做母亲的上场了。我希望女性家长可以通过超市采购、料理、扫除等方方面面的家务来教孩子如何掌握这种能力。

对于做母亲的来说，她们早已习惯做家务，实操时一切都水到渠成，无须多想。但事实上，她们会在脑海里回想冰箱里都有哪些食材，要考虑如何不浪费食材，并做出营养均衡的料理。而在超市，她们会先把蔬菜和调味料等物品放到购物车里，讲究新鲜程度的鱼类则会最后才放进去。这些都颇有讲究。

此外，烹饪时，她们有很强的时间观念，炉灶操作也到了炉火纯青的地步，这保证了她们能在 7 点左右顺利将多道美味菜肴端上餐桌。

若没有优秀的处理能力，她们完不成这样的任务。

当孩子步入成人世界后，生活的方方面面都需要这种能力，而在应试中也毫无疑问会考查到这种能力。因此，请家长们和孩子一起烹饪，并教她为什么要先切洋葱，为什么现在要把锅放在火上加热等事情。

当然，若家长颐指气使，以说教的口吻来指导孩子，那么她肯定会心生反感。而若家长以做游戏的状态和孩子一起去采购食材，一起做饭，那么这不仅是一种放松消遣，还能帮孩子养成优秀的处理能力。

此时重要的是，切勿让孩子"管中窥豹"，只做一部分事情。

"×××，把黄瓜给切了。"让孩子在另一个桌子上切黄瓜，这不过是微观层面的打下手。如果不让孩子从宏观上把握局面，让她思考我现在做的事情对于整体工作而言意义何在，那么她就掌握不了处理能力。

12. 理科不好的女孩子的福音

学习生动的自然科学最有效的方法

有部分家长认为孩子要是有帮忙做家务的时间，还不如让她学习。实际上，做母亲的本身可能没有意识到一个事实：家务事里涵盖了许多理科方面的要素。因此，对于理科不好的女孩子而言，家务事是她们可以一边与母亲愉快地聊天，一边还能掌握相关理科概念的难得机会。

比如，在烹饪的过程中，要用菜刀切各种各样的食材。此时，不是随意地去切，而是跟孩子一起思考怎么去切："这个豆腐如果这么斜着切的话，表面会变成什么形状呢？"

仅靠讲义上的平面图形，去理解立体事物的剖面，画出看不见的辅助线，这对空间概念意识薄弱的女孩子来说，是很吃力的脑部工作。但是，若在日常的家务中积累经验，那么她们就能把握相关的概念和意象。

因此，就算味噌汤里的豆腐变成三角形，这又何妨呢？

加热后，固体的调味料会溶解；加入调味料后，沸点会发生变化，这都涵盖了理科的知识。

用弹簧衣架晾衣物时，必须考虑衣物的尺寸和重量，否则无法取得平衡。思考如何平稳地晾晒衣物，这也能磨炼孩子的理科思考能力。

想必各位母亲也曾经因为理科吃了不少苦头吧。为此，也许娘俩会一起干些糊涂事儿。但又有何妨。请给孩子提供一个和母亲一起愉快学习的平台吧。

13. 让孩子做决定，家长负责守护

具备思考力，却无法决断，是没有意义的

在思考时，最重要的过程就是"决断"。

在职场中，就算思来想去觉得只能这样，别无他法了，但若最终无法做出决断，那么思考至此的意义何在？

不过，在重视集体意志的日本社会，即便是大人，也很难做决断，对于孩子，就更难了。虽说如此，却不能将这项重要的工作从孩子的手中夺走。

在小升初考试作答的过程中自不用多说，提高决断速度，对于孩子们的将来也非常重要。此外，必须积累一定的经验才能掌握这种决断能力。

例如，对于正在玩迷宫游戏的孩子，若对他说他走错了，那么结果会如何？孩子就失去了选择路线，做出决断的机会。

就算是走错了方向，如果孩子决定要走那个方向，那么家长就必须去守护他。孩子摸索自己的路子是一种很珍贵的经历。且不谈他们自己走在路上一不留神掉河里而有性命之忧的极端情况，独自探索只是让他们多绕了些远路，多吃了些苦头，这都是积累重要经验的过程，绝对利大于弊。

最过分的是，什么事情都由家长做主，"你瞧瞧，听妈妈的话没错吧"，而孩子只有点头附和的分。这样一来，孩子的

自我决断能力就被扼杀在了摇篮里。

其实，现在越来越多的孩子把握不好排尿的时机，他们一直担心自己憋不住，然后经常往厕所跑。这都是因为做母亲的给孩子下达了细致的指示——差不多该上厕所了。这让孩子误以为什么时候上厕所是由妈妈决定的，而不是自己。为此而闹出笑话的孩子多不胜举。

请不要认为对女孩子而言，决断力不重要。女孩子人生中做选择的机会远比男孩子多。不管结果如何，自己选择的路，就怨不得任何人。而一味地抱怨自己明明是按照××说的去做的，也得不到任何人的同情和认可。

让孩子从小就培养决断力，以避免过那种被人牵着鼻子走而整日怨天尤人的人生吧。

14. 周围的人为她降低"决断的难度"

女孩子比男孩子更深知决断的意义

思考并做出决断的能力，看似是男孩子具备的能力，但其实在小学阶段，女孩子在这方面更胜一筹。与选择"自己认可的事物"的男孩子不同的是她们倾向于选择"不必是最好，但适中的东西"。这是因为女孩子选择的机会本来就多于男孩子，这让她们疲于选择。

史蒂夫·乔布斯经常身着黑衫，据说这是因为可以减少他搭配服装的烦恼。受此启发，也想效仿此做法的男性家长应该不少。而对男孩子若听之任之，那么他可以同一套衣服连续穿好几天。但是，女孩子却做不到。从选衣服，到发型，到装在包里的手帕等，她们会为每天的行头伤脑筋，并自己做出决定。做母亲的应该会明白，这是一件痛并快乐着的事情。

在人际关系方面，男孩子很单纯，就是大家聚在一起踢踢足球；而女孩子从小学阶段起，就开始着手选择小团体，选择朋友，选择话题了。

因此，做出决断这一要求，对女孩子来说是家常便饭，小菜一碟。但是，由于她们早已疲于做决断，因此她们不会像男孩子那样强烈地表现出"我想自己做决定"的主张。对此，各位切勿错误地理解为她们无法自己做出决定。

对女孩子而言，一个人迅速地做出决定也好，交给大人决定也罢，这些都不是她追求的。她想要的是一个周围的人在自己决定的事情上，与之产生共情，并守护自己的环境。

请帮她缓解对于选择这件事情的紧张情绪。此外，请注意观察孩子的情绪变化，即使她做出了错误的选择，也让她不要放在心上。

具体来说，要表现出支持孩子所做的决定的态度，而在其明显出错的情况下，则要摆出一副和她一起思考的态度，"这样做也许有风险呢""也许会失败，不行的话再从头来过就好"。

第 4 章

激发女孩子潜在『干劲』的目标计划术

积极改变容易感到不安的内心的 12 个诀窍

女孩子比男孩子更擅长有计划性地开展学习。话虽如此，家长也不能完全采取"放养"的模式，对其不闻不问。家长要提高她的学习积极性，营造良好的环境，以保证计划得以顺利实施。本章将介绍一种发展路线图的制作方法，以引导容易陷入消极思想的女孩子向积极方向转变。

1. 学习越好的孩子，做的计划就越细致

制订的计划越细致，学习的进展就越大

观察学习好的孩子我们会发现，男孩子和女孩子制订计划的方式全然不同。男孩子做不来靠谱的计划，而女孩子却可以。小学阶段，女孩子更具决断力，并且她们在把握什么时候应该做什么事情上，也十分精准。

有一个心理学的术语叫作"计划错误"。据说，男性常常制订一些不现实的计划，而女性能够制订贴近现实的靠谱计划，这都是其大脑构造使然。

女孩子能够理解眼前的课题将在一周后带来何种意义，一个月后又会以怎样的成果呈现出来。此外，她们在此基础上开展学习，将会获得很大的进步。

尤其值得注意的是，12岁左右的女孩子已经萌生自我意识，并接近一个成人的完成形。因此，多数女孩子都能够按照自己制订的计划开展学习。

对男孩子，不必要求他搞制订计划这种大阵仗。逐个完成眼前的任务，这种方式更适合他们。而对女孩子，让她们制订细致的计划，这点没有问题。

具体而言，就是让她确定一个"月目标"，并让她思考每周应该做些什么才能达到这个目标，并且要落实到以"天"为单位的计划中。

下一页是 VAMOS 的课程内容示例。

绝大多数的男孩子，只有等到上课了才会不痛不痒地问一句："今天是学什么来着？"但女孩子会按照这个课程表有计划地开展学习，并做好当天的学习准备。

让在这方面颇为擅长的女孩子自主地制订学习计划吧。

当然，也请家长们根据需要提供帮助，让她们能够感受到父母的支持，以安心投入学习中。

2. 对女孩子而言，"达到目标"本身就是一种奖励

靠自己实现目标的自我肯定感比实物奖励更珍贵

别说是孩子，就连大人要持续做某一件事情，都必须要有做该事的奖励。如果想让孩子持续投入学习中，则必须考虑适当的奖励。对女孩子，这就需要费点心思了。

图表5 |VAMOS 的课程内容示例

时间	计划	学科	内容	时间	计划	学科	内容
8:00	自习（预习/复习）	社会	地理（日本工业）	16:00	休息		
8:30		理科	生物（植物的构造）	16:30			阅读理解练习（随笔）
9:00	授课	算术	问答题（图形的面积和角度）	17:00	授课	国语	
9:30				17:30			
10:00				18:00			
10:30				18:30			
11:00			问答题（比例与比）	19:00			
11:30				19:30			
12:00	午饭休息			20:00			
12:30				20:30			
13:00	授课	理科	地理学（天体）	21:00	自习（预习/复习）	社会	历史（年代的记忆等）
13:30				21:30			
14:00				22:00		国语	汉字学习
14:30		社会	历史（近代社会）	22:30			
15:00				23:00			
15:30				23:30			

较单纯的男孩子，给他便宜的小点心、文具店的圆珠笔作为奖励，就能提升他的积极性。男孩子，不管年纪多大，都还是喜欢那些不甚实用的玩具和不值钱的小东西。

相比之下，据说女孩子从 12 岁左右开始就会对玩具失去兴趣，因此靠"物"没那么容易取悦她们。与成年女性会将别人送的名牌包包卖掉是一个道理，如果不是自己特别喜欢或者想要的东西，就算得到了，对她而言也只是一种麻烦的负担。如果送她一根便宜的铅笔，她可能会直接丢进垃圾桶里。

其实，对女孩子来说，完成任务后的成就感本身就是最大的奖励。

成年女性也一样，当不得不处理多项家务时，她会制订一个细致的计划，而按照计划顺利完成后，她就会获得一种成就感——"太好了，终于完成了"。此外，这也会成为其处理每天的家务的一种动力。

我想，当她们一边要求丈夫帮忙做家务，一边却因丈夫做事的手法与自己所想好的流程不同而心烦意乱时，其原因也是这干扰到她的某种成就感吧。

孩子也是如此。若想提高女孩子的积极性，不要随便塞给她敷衍了事的东西，而是要让她意识到自己很好地完成了计划。

此时，将成果可视化并让她明确意识到这点的同时，也请家长乐其所乐，因为女孩子并非只为自己而努力。

3. 要注意女孩子的"负面连锁效应"

用客观的数字消除消极因素

女孩子思考事物的因果关系时，会进行各种各样的关联。

以母亲心情郁闷这件事为例。男孩子会认为妈妈单纯只是无精打采，而女孩子则会进行联想："妈妈无精打采，那都是因为我考得太差了。"并且，女孩子考虑事情，普遍有负面连锁效应。认为"妈妈乐呵呵的，那是因为我考得好"的孩子也不少。这种倾向也见于日常的学习中。

男孩子会以平常心对待擅长和不擅长的学科，而女孩子则会进行关联。

以孩子在某次考试中拿到国语 85 分、社会 70 分、算术 55 分、理科 35 分的成绩为例。

女孩子会对考得最差的理科耿耿于怀，她会认为："我才考了 35 分，看来其他科目也没希望了。"她不会从积极的那一面去考虑："我国语考了 85 分，其他的科目努力一点也能提高的。"

这种负面连锁效应可能会扼杀女孩子自身的可能性。

要让女孩子摆脱这种效应，必须向她提供可视化的材料，并摆出一副与她一起思考的姿态，而不是口头鼓励她。

让我们以客观的数字作为数据支撑，来为孩子加油吧。

4. 帮她把已完成的任务可视化

消除不安的同时，形成 PDCA 循环

女孩子制订好计划后，会执行计划，并喜欢在已完成的项目上打勾。她们在小学阶段就对大人们在职场中所应用的那一套 PDCA（计划、执行、检验、改善）跃跃欲试。

而这其中是女孩子特有的心理在发挥作用：想把已完成的项目可视化，以便安心。

以女孩子较不擅长的理科考试临近为例。

男孩子会怀着谜之自信，从容地迎接考试。他们认为船到桥头自然直。而女孩子总有一种不安的情绪，她们想打消这种不安，以平静的心态去参加考试。而对予以可视化的学习项目进行确认后，她们就能找回自信："啊，这些我都在做呢。没问题的。"

因此，让女孩子制订学习计划时，要尽量制订一个可以明确把握已完成的学习任务的计划，可以使用 excel 表格，也可以手写。总之，制订可愉快地进行可视化把握的彩色计划是最理想的做法，即区分学科，对已学过的部分进行特别

标记。在女孩子被卷入自己不擅长的竞争中之前，通过这种愉快的方式，她会喜欢上学习的。

无论是男孩子还是女孩子，一旦体会到成就感，其积极性就会有所提高。尤其是女孩子，把毫不起眼的学习积累工作可视化，将会增强其自信心。

为此，让我们一起帮她做一份令人愉快的任务完成确认表吧。

5.应试学习要提前两年开始

女孩子若起跑晚了，学习积极性就会大打折扣

女孩子比男孩子更具计划性，这是其优势。但相对地，她们也有一个劣势，那就是在紧要关头，容易掉链子。

此外，若在短时间内给她施加太大的压力，那么她可能会因害怕失败而无法发挥出自己本来的实力。

女孩子间盛行一种"羞耻文化"。若她感到自己落于人后，那么她就会开始讨厌学习。并且，也有一段时期，她会因生理方面的身体变化而无法专心学习。

考虑到这些情况，对于女孩子，还是尽早让她进入应试学习的战线，使其处于领跑的优势状况较好。较理想的是，提前两年开展应试方面的学习工作。

6. 女孩子不喜欢"目标"

要设定稍微踮起脚尖，努努力就能达到的目标

不仅在计划方面，对于目标，男孩子和女孩子也需要不同的方法。

男孩子会不假思虑地制定一个无论如何都达不成的目标。与男孩子不同，女孩子会客观地评价自己，并能够据此设立相应水平的目标。

但是，女孩子并不喜欢设立目标。

因为她们态度认真，若没能达成自己所设立的目标，那么她们会认为自己很失败。而一想到自己曾经的失败经历，她们就干脆不想设立目标了。

尽管如此，如果她设一些肯定会达到的低水准目标，那么很难有所提高。而这就需要大人跟进了。

给孩子设定一个稍微踮起脚尖，努努力就能达到的目标，女孩子会以其特有的责任感和执行能力，去完成这个目标。此外，一旦完成目标，就会增强其自信心。

对于女孩子，如何很好地把握其心理变化，这很重要。让我们一起确认孩子现阶段的能力，帮她设定一个稍微努力就能达成的目标吧。此时，家长告诉孩子"如果达不成目标也没关系，失败也不见得是坏事"，也意义重大。

7. 让她感受到失败并没有想象中可怕

消除女孩子对失败的抵触感，需要下一番功夫

为了成长，无论男女，都必须经历尝试和犯错的过程。必须让孩子自己把握：现在的自己能达到什么样的高度？而要达到更高的高度，又该怎么做？

不过，对于女孩子而言，多次的失误会让她们失去尝试的勇气。因此，家长要稍微控制她们犯错的比例。

此外，当她犯错时，最好让她觉得只要再加把劲儿，就能解决这种问题。

我以跳箱为例进行说明。

男孩子心高气傲，一开始就挑战高的跳箱，然后摔了个惨不忍睹。在不断重复这种行为的过程中，他们最终会挑战成功。

但是，女孩子会心生恐惧，不会去挑战有点儿高度的跳箱。而当女孩子在挑战自己实力所不能及的跳箱高度时，若有辅助人员在一旁心平气和地协助她，帮她支撑身体，那么最终她就能自己跳过去。

尽管有辅助人员协助，但女孩子刚开始肯定会稍微碰到臀部。若女孩子产生一种感受——"虽然我还跳得不好，但是只是碰到了屁股，这已经很好了""没有想象中可怕"，那

么她对失败的恐惧就会渐渐消失。

不只在学习中，让孩子通过体育运动和日常生活，去体验"并没有想象中可怕"的经历吧。

8.只要知道意义所在，女孩子就会向目标前进

女孩子最大的优点就是讲道理

想让女孩子向稍微踮起脚尖，努努力就能达到的目标发起冲击，那么只是对她发号施令是无济于事的。对于为什么要做这个事情，若没有一个能够令她信服的理由，她是提不起劲儿来的。

"你想上的那所中学的入学考试有很多理科题目会考查计算能力，对吗？那么，你最好在计算方面取得更大的进步，这样比较有利，是不是？所以，是不是增加每天的计算题练习量会比较好呢？"

就像这样，当与自己建立了信赖关系的父母和自己一同思考学习对策，不断提高学习难度，那么她就能朝着目标勇往直前。

男孩子的话，有时，家长的一声喝令就能让他去做某件事情；而有时，即使道理他都懂，他也不愿意去做。相较之下，

讲道理，确实是女孩子的一大优点。

9. 区分使用克服偏科的方法

从情绪和逻辑两方面说明

每个孩子都有其各自擅长与不擅长的领域。

男孩子普遍偏科现象严重，而女孩子却不然，因为女孩子会关注成绩不理想的学科，并下功夫去提高。

换个角度来看，女孩子对自己不擅长的学科耿耿于怀。如果这种心理能有积极的导向倒也罢了，但若因此令她对学习心生厌倦，这就不妙了。克服偏科，是一项较大的课题。

女孩子普遍不擅长算术和理科，她们对公式的排斥反应较强。

对此，不要将算术和理科的解题过程过度逻辑化，最好尽量使用富有感情的语言向她进行说明。

相反地，对于不擅长国语的孩子，则可使用算术的那一套逻辑方法，而不必非要带入情感去把握该学科。

不要带着情绪去阅读长篇文章，而是将其划分成几个部分：到此为止是 A，这里到那里是 B，剩下的是 C。如此一来，不难看出 A 和 B 讲的是相反的事情，而 C 则是呼应 A 的，最终得出结论。对待国语阅读题，尽可能地转换成算术的思维方式，如此可缓解孩子的偏科意识。孩子应对国语的思维方式发生变化后，学习成绩也会渐渐起色。这样的例子比比皆是。

对于"作者在这部分想要表达什么"之类的问题，要以解答逻辑谜题似的思维来应对。

这类问题实际上不会拘泥于一个标准答案，但出题人都是基于一定的模式来出题的，因此国语也存在公式。

对于要如何分配花费在不擅长学科上的时间，这需要家长和孩子一起思考。不能单纯地将四门学科的学习时间均等分配，而是可以根据孩子的进步程度，考虑把 70% 的时间分给不擅长学科，给其余学科分别留出 10% 的时间。

不管怎样，孩子不是机器人。如果过分坚持大人考虑的理想分配，就会败不旋踵。总之，只要孩子积极地投入不擅长学科的学习中，成绩有所提升就好。

10. 让她制定"相对"目标和"绝对"目标

"我要打败 ×××"和"完成 300 道题"会使目标最优化

女孩子本来会认真地制订学习计划，而到了六年级上学期，就只剩下重复目标设定和完成目标的过程了。考试已经迫在眉睫。

让孩子每个月设定一个目标，然后有计划地完成吧。

具体来说，要从"相对目标"和"绝对目标"这两个侧面着手。

相对目标，是指要把偏差值提高到多少，或者"我要打败 × × ×"之类的目标，让孩子弄清基准数值和对手后再进行努力。

而绝对目标，则是指写 500 个汉字，或者做 300 道计算题之类的目标，不是与周围做比较，而是与自己的战斗。

在这个阶段，若孩子设定的目标过于轻松，则会与理想的学校失之交臂。

到了六年级上学期，当考试迫在眉睫时，孩子必须要意识到若目标设定存在偏差，则会坏了大事。因此，孩子必须在对照现实情况的同时，找出最适合自己的目标。

如此一来，孩子本身在意识到不管怎么努力，都填补不了这个差距的过程中，会逐步地锁定志愿学校。

或者，孩子会痛改前非："我想上 × × 中学，但照现在这样是考不上的。这段时间忍住不玩游戏，多留些时间学习……"

在这个过程中，对于是否要继续参加社团活动，这也由孩子本人思考后决定。最终，志愿学校是由孩子决定的，而不是家长。

顺便提一句，之所以让孩子设定相对目标和绝对目标，这有让孩子找准平衡方面的考虑，同时还因为若有两个目标，那么实现其中之一的可能性会比较高。

只有一个目标，却无法实现，这会令孩子丧失信心；因害怕无法实现目标，而把目标设定得比较低，志愿学校的水平自然也不高。

对于容易受打击、失去自信的女孩子来说，两个目标尤为必要。

11. 利用"学习日记"来直面自己的内心

自我分析语言的准确度反映偏差值

到了六年级上学期，VAMOS 会开始让学生就自己的目标及其完成度等主题，以日记形式进行记录。

"只要和自己的现状相关，无论生活烦恼还是成绩，写什么都可以"，我们会给孩子发放 A3 大小的笔记本，让他们随心所欲地记录。这相当于学生本人和讲师之间的交换日记。不光嘴上说说，还写到日记上并反复阅读，这是让孩子直面自己内心的一种手段。

到了中学阶段，孩子就会产生青春期特有的叛逆心理。那时这种日记就难以发挥作用了。但在孩子还无法面对自己内心的小学阶段，这是非常有效的。

明明知道，却写不出来的单词～

㊒ ·地方自治…是指地区的居民自行开展地方政治活动
·最高法规…日本国宪法的规定→违反宪法的法律、命令无效
·信息公开法…保障"知情权"
·劳动标准法…男女同等工资水平、劳动条件的最低标准
·政教分离…政治和宗教的分割
·公职选举法…参加竞选的程序、投票方法、选举活动
·连立内阁…多个政党成为执政党
·间接民主制…委员在议会上进行协商谈判，以推进政治的一种机制
·法定人数…使本会议成立所需的出席人数
·议院内阁制…内阁对国会负有政治上的责任
·地方分离…将国家的行政工作移交给各都、道、府、县
·违宪立法审查权…调查法律是否违反宪法的一种权限
·内阁会议…就行政议题做出决定的会议

～记号～（做错了）
·信教自由并非精神自由。
·作为必须尊重并遵守宪法的立场的人，国民并不适用这一点。
·小选举区不利于小规模政党→容易形成二大政党制、死票（投给没有当选的候选人的票）较多。
·参议院的比例代表的选举，会写政党名称或候选人的名字。

9月4日（周二）
今天做了社会科目的小测题集。公民学科，做了日本国宪法和国会的题目（这次都答得不错）。
日本国宪法，我记得很细，所以分数也很高。但是我写不出"文民统制"和"嫌烟权"。国会部分，这次也拿到了很高的分数！接下来要记住执政党与在野党的差异。
9月6日（周四）
今天做了算术题。就是情况的数目、选择方法和组合那一类题目。虽然有段时间没做了（之前一直做这个），但感觉完成得不错。这次没画树形图，写了公式就做出来了。复杂的题目也是写了公式就做出来了。太好了。这次的周测也拿到了很高的分数（没拿满分，有点儿不甘心）。和以前相比，这周会写公式了，也能做出题目了。接下来，我争取拿满分。（算术也慢慢地能够拿满分了呢）。
多数的情况 （3）94/100 （4）97/100
9月7日（周五）
今天做了理科和算术题。理科做了电阻的题目。自夏季讲习以来，已经有段时间没做了，因此做得一塌糊涂。小电灯泡的性质我是掌握了，但串联、并联的连接这块内容做得很差。都是计算题，我加把劲，多练习就能改善。算术题做了"平面图形和比"。
因为夏季讲习的时候做过了，所以这次做得挺好（太棒了）！周测的B部分，这次连C也做出来了。虽然仍有一些不会的题目，但是我会努力解开这些题目。

算术 周测"平面图形和比"（2）100/100 （3）82/100

103

使用 A3 大小的笔记本，是想让孩子随心所欲地想写就写。这样我们可以观察到更多孩子的具体状态。能够深入开展自我分析的孩子所写的内容五花八门，而其他孩子只是寥寥几行。日记内容的质量差异，也可以说是偏差值的差异。

实际上，有时候家长也会在笔记本上写一些评论。

家长会替孩子分析"××方面很薄弱"等，这个分析和我们讲师的结论大体一致。我能够理解家长对孩子的事情了如指掌，但家长替孩子写分析，这件事情没有意义。

重要的是孩子本人所想与大人所想是否一致，而即便确认了讲师和家长看法一致，这也无济于事。

这个笔记本的作用在于让孩子自我发觉。它不是要让大人对孩子的学习横加干涉。

如果孩子把笔记本带到家里，请家长们不要忘记这一点。

12."80% 上课，20% 自习"是黄金比例

80% 必修学习，20% 则要让孩子思考要做的事情

谷歌上的信息称：公司员工 80% 的工作是定额任务的形式，而剩下的 20% 则是自由把握的。我的教学法也有与之相似的部分。我会把 80% 的时间花费在全体学生的"必修"学习上，剩下的 20% 的时间则是让学生自己思考要做些什么。

此时，我作为讲师会根据学生们学习日记里的内容，给每个学生布置课题。

有了这个"专属于每个人的 20%"，孩子们对 80% 的必修学习的吸收力也会有所提高。

我们所接触的不是机器人而是活生生的人。虽说都是小学生，但千人千面。

我认为辅导机构就像是寿司店。我们受托培养的孩子们都是"有血有肉的活物"。既然是寿司店，那么根据食材的种类而改变料理手法，是理所当然的。此外，还必须留意气温、湿度等因素，并进行细致的调整。

我会观察当天进入教室的每个孩子的面部表情，然后灵活地改变教学方式。

请各位家长也具备这种意识：父母就是经营孩子这种活物的"寿司店"。

第5章

『四门必修学科』成绩快速提高的最强学习法

提高算术、国语、理科、社会成绩的26个要点

要提高孩子的学习能力，首先必须掌握"绝对性基本功"。绕开这一点，则孩子的成绩绝不会有所提高。更麻烦的是，学科之间存在联动性。仅凭小聪明，则无法掌握基本功。本章，我将总结掌握各学科基本功的要点。

算术 1: 各步骤具有连贯性，不能省略中间步骤

如有不明之处，一定要回到前面，重新学习

对绝大部分小学阶段算术不好的女孩子来说，到了中学阶段，数学依然是很吃力的一门学科。

这不是单纯的喜好问题，算术（数学）这个领域是一条从小学一年级到高三的具有连贯性的路径，一旦在中途出现磕磕绊绊，则很难顺利前行。如果未掌握一位数的加减乘除，则解不开两位数的题目。如果不懂得小数，则无法理解涉及小数的方程式。算术是尤其不能省略中间步骤的一门学科。

因此，当家长烦恼孩子的算术毫无起色时，与其让她不断复习现在所学的部分，倒不如让她回过头看看是被前面的哪个部分给绊住了。此外，要让孩子反复学习这个部分，直到真正掌握之后再从此处重新出发。虽然这看似是在绕远路，却是最佳的途径。

算术 2: 算术成绩与所花时间成正比

实际上需要悟性的题目几乎为零

很多家长担心自家孩子没有算术方面的悟性，但只有极少数天才之间的龙争虎斗才会用到悟性。

不管是小升初考试还是中考，在市面上销售的算术参考书里类似问题就占了 95%，而没有悟性就解不开的题目不过 5%。其实算术无关悟性，反而是普通孩子最容易提升学习水平和偏差值的学科。算术不仅记忆量远比其他学科少，而且与要求孩子具备日常阅读量的国语，以及要求孩子具有接触自然的经验的理科不同，算术的成绩与孩子花费在学习上的时间成正比，容易获得提高。

不要让孩子对算术抱有偏见，多做一些计算题，多花些时间在算术方面吧。如此一来，一旦孩子切身体会到自己的进步，那么算术就会变成她很有自信的一门学科。

算术 3: 让孩子逐步掌握"计算 64 步"

正确把握她的现阶段水平后，再让她开始

我在前面介绍的"计算 64 步"，是我对小学一年级到中

学一年级学校所教的内容进行独家划分的成果。

若有小学三年级的孩子来到VAMOS，我会先让他做"Step15乘法（两位数×两位数）"这种水平的题目。

如果这类题目掌握了，我会让他进入下一步，而如果没有掌握，我会让他返回到前面的步骤。我会先把握这个孩子现在处于哪个水平，然后再从他的现阶段水平出发，切实地开展学习指导工作。因为若孩子在这些步骤的某处被绊住了，那他就无法理解下一个步骤的内容。

文部科学省的课程并未进行这样的划分，而是让学生学习加法后，再学习一些减法。之后，再学习乘法和除法……教学方式广泛而千篇一律。

如此一来，每个学生的掌握程度无从把握，学不会的孩子也只能原地踏步。这在不以小升初考试为前提的公立小学，是很让人无奈的事情。

如果不想成为算术和数学不好的孩子，那么就必须掌握"计算64步"。

算术4：算术的基本功在于"约分"

"快速解题的基本功"不可偷懒

所谓约分，就是把一个分数的分子、分母同时除以公约数并将分数化成最简分数的一种方法。

如果想要更快速地解开多数字的题目，那么约分是非常重要的一个方法，不能偷工减料，必须认真学习。

例如，碰到"十六分之四"时，学习好的孩子一开始就会意识到"分母和分子要同时除以4"；而学习较差的孩子则是先除以2，得出"八分之二"后，再折腾一番，最后才得到"四分之一"。时间就是这样浪费掉的。

VAMOS 的孩子们碰到"九十一分之六十五"时，用1~2 秒就能回答出"七分之五"。这是因为他们通过平常的反复学习，已经对很多数字的倍数烂熟于心，从而马上就能反应出"91 和 65 都能除以 13"。

又如，对于 100 这个数字，他们想到的不是"10×10"，而是"2×2×5×5"。这也是一种约分能力。若他们能掌握到这种程度，那么不仅是算术，对于需要计算的理科题目，也都能采用快速且灵活的方法进行解答。

这种约分能力无关悟性，平常多练习乘法和除法的题目，对数字倍数烂熟于心后自然就能掌握。

也请充分利用百格计算等练习方法吧。

算术 5：学习能力的差距产生于"比例""速度""比"

坚守"懂"与"不懂"的分界

到小学五年级，算术课上就会连续出现"比例""速度""比"这些非常重要的概念。

比例，就是诸如"棒球安打对全部击球数的比率为30%"等；速度，就是诸如"时速 70 公里"等；比，就是诸如"男女比为 2：3"等。这些都是我们日常生活中不可或缺的概念。

一下子出现这么多新知识，算术不好的孩子肯定很想打退堂鼓，而在这个阶段脚踏实地地学习尤为重要。这些知识点肯定会出现在小升初考试的算术题里，理科也有很多题目要靠这些概念才能解答。

此外，进入中学阶段后，数学和理科会有越来越多的课题需要这些基础概念来帮助理解。而长大成人步入社会、进入职场后也是如此。

这些知识点就好比一块蛋糕的基底，就算不参加小升初考试，也不能忽略。

然而，对这些知识点的学习被所谓的"小康一代"所轻视。因此，在他们经常去的店铺，会看到不可思议的吊牌。

例如，店家将一件定价 7000 日元的夹克以 40% 的折扣售卖时，"定价 7000 日元"的吊牌上还会写上"40%OFF 后为 4200 日元"。

以前吊牌上只会写"40%OFF"，因为只要计算"定价 × 0.6"就知道价格了。这么简单的计算，大家不用多想就能知道答案。然而，现在的人都不怎么动脑子，这是个大问题。

在一般的商务场合中，当涉及价格方面的谈判时，若对方问："15% 的折扣能不能再降到 20%？"而要靠智能手机的应用软件来计算损益，会让对方觉得你这个人不靠谱。

美容师在混合染发的药剂时也需要比例方面的知识，开出租车的师傅也在瞬间计算着"以时速 80 公里开车的话，1 小时就能到，但是现在速度必须降到 60 公里，所以要花 1 小时 20 分钟才能到"。

这些是堪比读书、写字和算盘技能的重要能力。考虑到孩子的将来，无论如何也要让他们掌握好这些知识。

算术 6："比例"题需要"阅读理解能力"

由于比例不属于算术范畴，因此比较难

在"比例""速度""比"中，对小学生而言尤为困难的要属"比例"。

因为这已经不属于算术的范畴了。例如，对于圆周率相关的问题，只要使用"3.14"这种近似值，并且会计算就能解答出来。然而，比例问题还要求国语的阅读理解能力和记忆力。

对于这样的问题："以 30% 的折扣购买了 20 个苹果，苹果单价 150 日元。那么总共花了多少钱？"此时你必须想到"以 30% 的折扣购买，就是花了定价的 70%"。这里首先要求考生具备阅读理解能力。

在此基础上，还必须记住"70% 就是 7 成"。没记住的孩子就会在应该乘"0.7"的地方，乘"70"。

虽然是算术学科的内容，但考查的却是阅读理解能力和记忆力的"比例"题。这是刚开始不容易上手的一个领域，但换个角度来看，也可能是对于阅读理解能力强的女孩子而言，颇为有利的一个领域。

算术 7："速度"题需要"图解力"

没有"阅读理解力"和"可视化力"就做不好这类题目

不仅仅是算术题，所有试题都是用日文写的。首先，孩子必须具备阅读并理解题目的能力。而有关"速度"的题目，还考查将题目可视化并绘图的能力。

比如说，有这样一道题："有一辆车从地点 A 往西以每小时 60 公里的速度移动。而现有另一辆车从距离地点 A 往东 5 公里处的地方，于 15 分钟后向西出发以每小时 80 公里的速度追赶它，那么几分钟后会在距离地点 A 多少米的地方追上它呢？"阅读理解能力较弱的孩子要彻底理解题目本身，需要花费一定的时间。此外，解答这个问题时，必须用如下一页中所绘的图来把握这两辆车的情况。

小升初的算术考试考查学生是否掌握了用图对"速度"题进行解答的能力。由于这较为复杂，有些孩子会听不懂。因此，公立小学的课程并未对此深入讲解。

正因如此，不管哪个辅导机构都在这方面下了很大功夫，而 VAMOS 则把"速度"题的题面变长变复杂，再让学生解答。比如这种题目："A 君 7 点 15 分从家里出发，以每小时 4 公里的速度往学校走。出发后 6 分钟发现自己忘带东西，于是返回家里。在家里待了 2 分钟后立刻出发。5 分钟后，父亲的车以每小时 60 公里的速度追上并超过了 A 君。那么，父亲是几点几分从家里出发的呢？"

这道题对大人来说也相当难吧？但是，一旦习惯了这种出题思路，就没问题。

为了备考小升初考试而掌握用图分析题目的能力的孩子，与不用考试直接从公立小学升入公立中学的孩子相比，在可视化的思考力方面存在很大的差距。

西   东

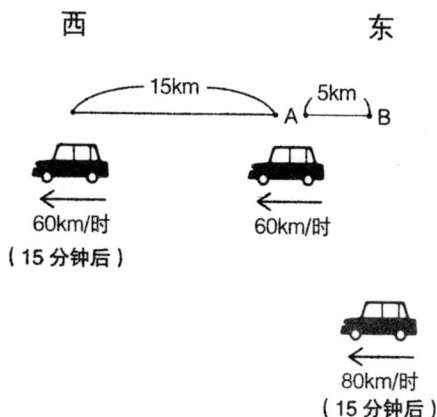

15km
A ← 5km → B

60km/时
（15分钟后）

60km/时

80km/时
（15分钟后）

2020年以后，高考的状态会发生变化。不管哪所大学，考查的都将不再是按照公式解题的能力，而是阅读题目后进行思考的能力。

不管孩子是否参加小升初考试，都让他试着挑战一下这类题目吧。

算术8：道道算术题皆通"比"

这个工具无所不能，堪称"算术界的智能手机"

以时速60公里的车和时速100公里的车为例，它们在相同时间内行驶的距离之比为 3∶5。另一方面，行驶相同的距离所花费的时间之比为 5∶3。

前者一下就能知道，而能否马上推导出后者，就不一定了。这样一来，解答算术题甚至是数学题的能力就会拉开很大的差距。

其实，即使说道道算术题皆通"比"也不为过。

下页所列的天平问题就是最好的例子。只要懂得"比"的概念，就能在短时间内解答出来，否则就必须把重量和浓度一一对应。

其他情况中，包括思考图形的面积和处理物质的密度，"比"的概念也不可或缺。

小升初考试自不必说，高中和大学阶段的数学绝对会使用的工具就是"比"。只要掌握了这个堪称"算术界的智能手机"般存在的"比"，大部分题目就能迎刃而解。

女孩子若掌握了这个工具，就能把对手远远地甩在身后，甚至可能踏上成为一名理科女的道路。

要让偏科意识较强的女孩子理解一个道理：算术这门学科并不麻烦，因为它终有解决办法。

问题

往 80g 的盐水（浓度 2%）中加入 280g 不同浓度的盐水，得到了浓度 9% 的盐水。

请问：加入的盐水的浓度是多少？

解说

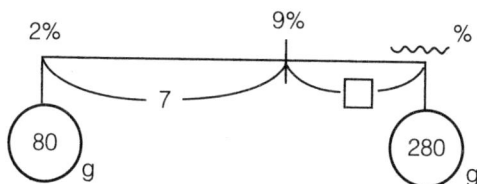

$$80 \times 7 = 280 \times \square$$
$$\square = 2$$

因此，9+2=11%

国语 1：阅读理解能力亦始于"单词"

在日常会话中使用多样化的词汇

阅读理解能力差的原因大半在于词汇量不足。并且，我切身体会到孩子们的词汇越发贫乏起来。有些孩子甚至连"大晦日"①这个词都不知道。

不知道英语单词就读不懂英语文章。同样地，若日文词汇量匮乏，则读不懂国语的长篇文章。

女孩子普遍擅长国语。在此背景下，若女孩子该学科的成绩拖了后腿，就会对将来的小升初考试极为不利。因此，国语不好的孩子必须在词汇量的增长上下更多功夫。

我们这一代人与爷爷奶奶接触的机会较多，是听着各种各样的老话俗语长大的。职业棋手藤井聪太先生虽然很年轻，但其词汇量之丰富令人咋舌。这大概要归功于他有很多与老一辈人士交流的机会吧。

但是，如今小家庭化已成为一种趋势，只顾埋头于游戏的孩子们虽然话挺多，但使用的词汇却十分有限。

在此，我想拜托各位家长，使用更多样化的语言与孩子就各种领域的话题进行交流。无须摆出大人的架子，但请让孩子听一听夹杂着各种词汇的大人话。精神年龄较大的女孩子对大人所使用的语言表达应该很感兴趣，并会不断地予以吸收。

女孩子十分尊敬自己的母亲，有些甚至可以说是崇拜。母女俩可以聊一聊时尚和礼仪等孩子感兴趣的领域并使用水

---

① 大晦日：在日本指阳历一年的最后一天，也就是 12 月 31 日。

平更高的词汇。

如此一来，当孩子听到以前从未听过的词时，她应该会问"××说的是什么意思"。此时，请各位家长一定要给孩子灌输正确的知识。如果家长在这方面没有自信，那么请和孩子一起翻翻字典吧。当孩子表现出兴趣时，家长还可以跟孩子分享其他相关的词语："据说这个词语还有这种说法呢。"

当然，给孩子强加他们不喜欢的事物会适得其反。因此，请家长在谈论孩子看似感兴趣的领域时，尽量选择使用水平较高的词汇。

国语 2：让她"朗读"，以提升阅读速度

相比解题能力，国语的基本功更在于"阅读能力"

不仅是小升初考试，今后孩子将面对的高考也存在不论学科，题目篇幅都变长的倾向。不管怎样，孩子必须养成阅读长篇文章的习惯。

在学习国语时，比起解题，更重要的是阅读大量的长篇文章。

女孩子比男孩子更喜欢阅读，也更习惯阅读长篇文章。然而，这个时代的孩子都因智能手机的社交软件而忙得不亦乐乎，花费在阅读上的时间在不断减少。尤其是，女孩子十

分重视与周围人之间的关系，她们对于不合群地去做朋友们都不做的事情抱有抵触心理。受周围朋友的影响，她们甚至有完全不去阅读书籍的倾向。

读书是一种习惯。只要养成阅读的习惯，自然就会激发其不断读书的欲望，最后不读书反而会感到不自在。对于女孩子，要督促她保持对读书的热情，并养成读书习惯。最好每天和母亲一起抽出 10 分钟，阅读各自想读的书。

此外，如果女孩子阅读速度较慢，那就需要家长在一旁，让孩子朗读出来。

为什么不是默读而是让孩子朗读呢？因为通过朗读，家长就知道孩子是否正确把握了文段的句读。

据我的观察，现在许多孩子们的断句很奇怪，他们无法对文章表达做整体的把握。

比如这样一句话："我现在要去超市买苹果。"读不惯文章的孩子就会读作："我 / 现在 / 要 / 去 / 超市 / 买 / 苹果。"他们不知道哪个词要和哪个词放在一块儿，断句能力很弱。这会浪费很多时间。

但是，这是他们用眼睛阅读的结果。如果让他们朗读出来，他们就会跟自己平常说出口的话进行对照，慢慢地学会断句："我 / 现在 / 要去超市 / 买苹果。"

如果朗读时懂得这样断句，那么默读时也会逐步掌握断句的方法。如此一来，孩子的阅读速度就会有所提升，因而参加需要在规定时间内一决高下的考试时也会取得越来越好的成绩。

在英语学习中，也有这种思路——听始于读。现在流行听教材的方法，但其实阅读很重要。实际上，若一个劲儿地朗读英语并能做到快速阅读，那么听力自然会跟上。

国语3：让她对社会的"复杂性"抱有疑问

国语考试也考查孩子的"社会性"

在开成中学 2018 年度的入学考试中，国语的长篇阅读题中出现了这样的一家人：

妈妈是家里的顶梁柱，一名每天兢兢业业地奋斗在工作岗位上的职业女性。

爸爸是一个作品不畅销的画家，也是"家庭煮夫"。但是通过 Daytrading 这种交易方式存了一些钱。

接送读幼儿园的孩子的任务由爸爸来做，他和学校的老师以及其他女性家长的关系也很融洽。妈妈对此感到有些无奈和孤独，她很烦恼："这样没问题吗？"尽管如此，她最终得出了结论：这就是我们家应有的状态。

阅读题的内容以职场女性为主人公，且出现了大量现代社会的典型关键词："煮夫""Daytrading"。

这道题考查的是考生如何从文章中读取其平常甚少有机会接触的人们的心情。换言之，题目要求考生具备社会性和"大人力"。

即便是霸凌的问题，对于此前的题目，考生只要理解"不可以霸凌"的主旨即可，然而以后的题目考查的将是孩子能否把目光放到导致出现霸凌现象的社会原因上。

今后的考题会逐步涉及一些社会性的话题，如生活保护、难民、LGBT、黑心企业、社交软件疲劳……

女孩子精神层面较为早熟，应该能够理解这一类的话题。在日常会话中，家长要有意识地制造话题。

樱阴2018年度的入学考试国语试题就涵盖了"推特""假新闻"等具有社会性的关键词。

不过，女孩子的共鸣性较强，可能会对这类话题有过激的反应。请注意避免让女孩子因其独有的正义感——"黑心企业什么的，绝不可原谅"，而成为一个小"愤青"。

让本性认真的女孩子广泛粗浅地涉猎各种各样的社会问题，这是一项难度非常高的工作。但是，可以做到这一点的女孩子，其潜能会得到极大拓展。

国语 4：让她做快速抄写"正确的日文"的练习

抄写有助于提升国语能力

日文的应用不限于国语，小升初考试不仅试题本身的语言是日文，还要求考生用日文作答。也就是说，想要拿到高分，正确地书写非常重要。

然而，可能因为现在的孩子习惯使用智能手机，所以很少有人能写出正确的日文。不仅是小学生，连大学生也存在这个问题。很多大学生在找工作时，求职申请表上写的日文错漏百出，有些公司就靠帮学生修改求职申请表赚钱。

在 VAMOS，为了培养孩子正确书写日文的能力，我们采用了经常抄写正确的文章的学习方式。

比如，"纠结要'穿哪件衣服'的时候，时间一晃眼就过了，没能吃上早饭，我已经快要饿扁了"。若让孩子照抄这段话，那么肯定会有孩子要么漏了逗号，要么省略了引号，要么把汉字部分擅自写成平假名，甚至还有错字、别字。

而另一方面，不犯这些错误，能够快速正确地把句子抄写下来的孩子，其偏差值也较高。

VAMOS 每天都会让孩子做这样的练习：一开始让他们抄写两行左右的句段，掌握后再增加到 3 行、4 行。

这种简单练习在家也能操作。素材可以挑选国语教科书里的文章，也可以从报纸或杂志上摘选。

平常就让孩子练习正确地抄写日文，这不仅能提高孩子的国语能力，还有助于培养其发散思维。

国语5：让她做主语和谓语的区分练习

在不参考范文的情况下写作，可进一步提升写作能力

在练习正确抄写文章的同时，我们也让孩子练习在不参考范文的情况下即兴写作。给孩子一个主题，让她写一篇简单的作文，或者就某个情况用文章进行说明。

例如，给孩子看一张照片，照片上是一名店员在超市给商品贴打折标签，然后要求孩子用5行左右的文章说明这个场景。多数的孩子写的根本算不上是文章。她们脑子里很清楚这是什么情况，也能够通过会话的方式说明，却写不好文章。原因就在于她们根本就没有掌握好主语和谓语的关系。

不管是多长的文章，其基本结构都是由存在主语和谓语的一个个句子连接而成的。因此，正确地写好每一个句子，这很重要。

抄写练习也是如此，而在不参考范文的情况下写的文章更是如此，要让孩子意识到主语和谓语，读起来别扭的地方

要帮她修改。

国语 6：反复进行正确解读文章的分析练习

女子学校的国语考试一如既往地注重阅读

小升初考试中的国语长篇阅读理解题，篇幅每年都在变长。

水平越高的中学，题目篇幅往往越长。有些男子学校甚至只有一道大题。只有那么一道题，如果连题目都读不懂，成败自然无从谈起。

而女子学校的考题会有两道篇幅不算太长的文章。因此，如果其中一篇文章没读懂，那么只要认真解答出另外一篇文章的题目，就能拿到分数。

并且，这种长篇文章考查的是宏观阅读理解的能力。现在的考题可谓是我们那一代人所接受的国语教育的延长线上的产物。现在的考题考查的是长篇文章的整体脉络，不是对一些细节部分的解读。

关于女孩子的应试对策，我认为有必要让她们反复进行汉字练习题和历年考试真题的训练。并且，若她们能养成日常的阅读习惯，那么拿下国语不在话下。

理科 1：理科涵盖了算术、国语、社会的所有内容

解题需要全方位的基本功

　　小学阶段，"物理、化学、地理、生物"都归为"理科"。各不相同的领域，却被一股脑儿地放到一起，这就是理科。并且，理科涵盖了算术、国语、社会的所有要素，因此对于小学生而言，这是最难的一门学科。

　　理科的题目一般篇幅都较长，如果国语的阅读理解能力不好，那么就答不好题目。当然，也有题目要求考生具备算术能力。而对记忆植物和昆虫名称，以及有关地层的知识的考查，则与社会学科的学习相似。理科看似是一门独立的学科，实际上是囊括了所有学科的一门学科。

理科 2：理科要求具备两种学习能力

了解"背诵法解题"和"回答因果关系"的区别

　　理科题目大致分为不背诵就答不出的题目和不理解因果关系就答不出的题目。如星座的名称、花的名称、昆虫的名称，或者它们的特征等，这些如果没记住的话，就算想破脑

袋也答不上来。

另一方面，对于与浮力、电流、杠杆有关的题目，如果无法理解"施加到 A 部分的力对 B 和 C 产生影响"这层因果关系，则解不开题目。这就需要考生具备套用公式进行计算的算术能力。

一般来说，女孩子擅长前者，而男孩子擅长后者。在实际的入学考试中，对男女能力的考查也有同样的倾向。

不过，这两类题目考查的是，完全不同的大脑的使用方法和学习能力，因此了解自己的孩子对哪个领域不擅长很重要。如果你不了解，孩子的理科成绩很可能会停滞不前。

理科 3：背诵的诀窍就是从多个角度处理量

很好地结合"文字记忆"和"视觉记忆"

理科中需要背诵的对象本身不比社会学科多。但是，理科的出题角度涉及多个领域，因此要求学生具备与社会学科不同的背诵能力。

例如，对于"独角仙有几只脚"这样的题目，只要记住"6只"就能答得出来。

而当题中放了几张图片，并问"这些图片中，哪个是独角仙的脚"时，如果孩子只靠文字记忆，就会措手不及。

理科要求学生将文字记忆和视觉记忆进行结合。并且，考查视觉记忆的，既有使用照片的题，也有使用图片的题。

经常有题目会列举一些植物，要求考生"请将这些植物分为食用根部的植物、食用花瓣的植物、食用果实的植物"，而这类题目可能用文字，也可能用实物的照片，也可能用剖面图。因此，学生必须从文字信息、照片信息、图解信息这三个不同的角度进行记忆。这些知识可以不用分开，统一进行记忆，如此较为高效。

理科4：男女生对理科的追求不同

女孩子的考题水平不高，因此拉不开差距

理科是对男女的水平要求差异最大的学科。

在日本，男孩子的理科试题比女孩子的要难上数倍。其原因之一在于理科中的计算等算术因素较强。本来男孩子就倾向于偏爱算术，这点会反映在需要逻辑性思考力的领域。并且，在背诵方面，男孩子也更为有利，因为男孩子对理科这门学科的内容本身就容易产生兴趣。

大部分的男孩子喜欢昆虫。用自己的手抓住独角仙，翻来覆去地数它有多少只脚，这会让他们觉得很开心。然而，女孩子却对此深恶痛绝。很多女孩子都会觉得恶心，甚至不

愿意看昆虫图鉴。在理科方面，对于男孩子和女孩子，最好将他们的目标水平区分考虑。

在滩中学的入学考试中，理科的试题难度大到连东大学生都答不对其中的一半。男子学校整体上理科偏难，男孩子有在理科上拉开差距的倾向。因此，若男孩子理科不好，会很吃亏。

而在另一方面，女孩子的理科只要马马虎虎差不多就行。

男子学校和女子学校不必多说，即使是男女混合学校，男女生在理科上的合格人数也几乎是固定的。因此，最终不管是男孩子和男孩子之间、男孩子和女孩子之间，还是女孩子和女孩子之间的竞争，理科好都会是一个很大的优势。

理科 5："背诵能力""整理能力""计算能力"是女孩子的理科必备技能

反复练习并背诵历年考试真题集

女孩子的理科试题以考查背诵能力的题目为主。因此，就算讨厌昆虫，也要记住各种昆虫的名字和其翅足的数量。

在此基础上，女孩子还应掌握整理能力和计算能力。

整理能力，是考查学生对生物的分组等总结性记忆的题目所要求的一种能力。

此外，题目多少会涉及物理的计算，因此也需要锻炼孩子们的计算能力。

不过，在女孩子的理科试题中，不大会出现需要思考良久才能解答出的题目或容易绊住的题目，因此只要反复练习历年考试真题就行。

理科6：利用教科书水准的计算题拉开差距

女孩子要思考高效拿分的方法

在国语方面，女孩子占有绝对的优势，但在理科方面，情况却截然相反。总体来说，女孩子较不擅长理科。而谈论擅长与否之前，可以说她们对理科抱有厌恶的情绪。

不过，女孩子里也有寥寥几个喜欢理科的孩子。这些孩子在理科方面会以绝对优势领先于其他女孩子，因此无须担心。

问题是那些对理科抱有厌恶情绪的绝大多数女孩子。想让这些女孩子爱上理科，这个时间成本太大了。还是考虑在入学考试中高效拿分的方法较为现实。

首先，大部分的女孩子在背诵领域都算得上如鱼得水。不管多讨厌昆虫，在考试之前都必须记住昆虫的脚的数量。

想在考试中与他人拉开差距，那么最好在考查计算能力的领域多下功夫。

而这种计算能力，只要达到教科书水平即可。

比如，这样一道题："把一个重达 300g 的砝码 A 和一个重达 100g 的砝码 B 系在一根棒子的两端，在棒子的某处放一个支点，当支点位于距离砝码 B 42cm 的位置上时，棒子保持平衡。请问这根棒子的长度是多少厘米？"

牢记教材里出现的公式，并用历年真题集进行解题训练，那么就能在理科上名列前茅。

社会1：历史可以以故事的形式来记忆

入学考试的题目要把握住脉络

对于社会学科的历史题，重要的不是把术语一一背下来，而是将其作为一个有脉络的故事进行把握。给孩子提供他们哪怕有一丁点儿兴趣的材料，漫画也可以，然后让他们以故事的形式大致掌握历史事件。

尽管在实际的小升初考试中，纯粹的背诵题仍占超过60% 的比例，但是这个比例在逐步下降，因为越来越多的试题考查的是以更广阔的视野看待世界的能力。

海城中学 2015 年度的社会题涵盖了巴西的亚马孙河及巴西的特产、日本移民的开拓、农业林学等话题，并且从这些话题不断延伸，最终考查日本的河流、外国船只舶来的历史等。

对于这样的题目，仅记住"巴西的首都是巴西利亚""巴西的通用语言是葡萄牙语"等知识点是无法解题的。若不能以故事的形式把握住整体脉络，则无法应付这类题目。

为了让孩子对具有故事性的历史产生兴趣，电视也能派上用场。NHK 的大河剧①也可以作为一个切入口，其他讲述历史事件的电视节目里也有许多为人们所津津乐道的优秀素材。

不过，这些素材是围绕某个时代或者某位人物展开的。就算花一定的时间去看，从中获得的知识也有限。这些素材不过是为了引起孩子的兴趣，他们终究还是需要可以通读一遍来进行学习的教材。

想通过漫画学习历史的话，我推荐角川漫画学习系列之《日本的历史》（全 15 卷）。虽说是漫画，但如果孩子不喜欢历史，那么一开始的阅读难度可能有点儿大。

其他的，我推荐《风云儿们》《光之风》及 NHK《转动历史的时刻》漫画版等。

---

① 大河剧：这个名词是日本所创，指长篇历史电视连续剧。"大河"来自法文词汇中的"roman-fleuve（大河小说）"，意即以家族世系的生活为题材而写成的系列长篇小说。大河剧是大河小说的电视版。

社会 2：小学生逃脱不了背诵的命运

不晓得固有名词，则无法理解整个故事

虽说现在越来越多的试题考查学生把握大致的历史脉络的能力，但小升初的社会学科考试中背诵题占了 60% 以上的比例。此外，即使要读历史漫画等书籍，如果孩子不知道一些固有名词，那么也会一头雾水，反而心生厌恶。

我高中时代不擅长古文。为了看懂《源氏物语》，我试着读了大和和纪创作的漫画《源氏物语》。由于我本来就欠缺相关基础知识，所以最终我也没看懂，可以说是毫无帮助。

而我的朋友读了这本书，却发出这样的感叹："这本书让我真实地感受到此前我在知识层面所接触的世界。"

在这种意义上，背诵很重要。社会学科的背诵事项和算术的"九九乘法表"一样，将成为今后学习中的绝对性基本功。

社会 3：记忆的诀窍就是使用所有可能的方法

听、说、看、写，每个人擅长的背诵方法不同

小学生人生第一次认为"必须要记住"并认真背诵的，

就是算术的"九九乘法表"。接下来就是都、道、府、县的名称和历史上的著名人物等社会学科的知识点。

在记忆"九九乘法表"时，恐怕各位家长也和现在的孩子们一样，如念经一般："一二得二，二二得四，二三得六……"而长大后再回头看这段时光，你会觉得不可思议：为什么当时不写下来呢？记忆"九九乘法表"是低年级时候的事情，那时的孩子写起字来很慢，也写得不好，以书写的形式来记忆效率并不高。

但是，到了高年级，孩子就开始做书写练习了。因此，孩子可以用嘴说，可以用手写，可以看，可以听，可以利用各种各样的方法，运用视觉和听觉等身体的感觉来进行记忆。

在 VAMOS，有些学生几乎不用笔记本，不管什么内容都写在一本教科书里来记忆。虽然书本看起来会很乱，但这是对孩子本人来说最容易的记忆方法，因此并无大碍。

让孩子尝试各种方式，从而找出她最擅长的记忆方法，这才是上策。

顺便提一句，在 VAMOS，小学六年级的学生每天都会做 100 道这样的训练题：讲师会随机地说出一些公历年份，如"1467""1929"，然后让学生在 1~2 秒之内重复。做 100 道题只需不到 15 分钟的时间。

这个方法在家也很容易操作。家长代替讲师，说出年份就行。

"带孩子实地体验风土人情"也是一种有效的方法。比起单纯地坐在书桌前记忆都、道、府、县的名称和县厅所在地，实际到当地去看看县厅，他们的感受会更加强烈。同样，如果去追寻古城和历史遗迹，那么孩子更容易对社会学科产生兴趣。

对于理科而言，实际体验也很重要。但对于社会学科来说，家长更方便伸手援助。

社会 4：重要的是孩子动手写汉字

如果记不住正确的汉字，则无法提高分数

充分利用身体的感觉加以记忆后的内容，若无法以文字的形式写出来，则没有意义。

茨城县、滋贺县、札幌、那霸……不管知道多少个都、道、府、县的名称和县厅所在地，如果无法在试卷上正确地写下来，那么一切都没用。西乡隆盛、井伊直弼、壬申之乱、废藩置县……对于人物姓名和事件名称来说也是如此。

尤其是历史题目，不管通过耳朵和眼睛知晓了多少知识点，若无法以文字的形式写下来，就拿不到分数，这点要让孩子切记。

和我们那个时候比起来，现在的孩子深谙 IT 工具的使用方法，检索能力也特别强。因此，对于历史上的一些事件，很多孩子都会说"这个事情我知道"，但实际上却写不下来。

尽管脑袋里会浮现出一些文字，但要么少写一横，要么把应该写作示字旁的部分写成了衣字旁，总之就是写不对。

顺便提一句，可能很多年后，高考会采用机考的形式，到时候就是用键盘来输入答案了吧。然而，我们都不知道文字书写会发展到什么程度。在分秒必争的考试中，若因不知道某个字怎么写而想破头，只会失去先机。

不管怎样，都必须记住正确的汉字写法，并且最好尽早开始练习。让孩子从一开始就向正确的汉字书写发起冲击吧。

这种习惯可以从日常生活中着手养成。不仅限于家人之间的交流、智能手机的社交软件使用，还可以灵活运用需要手写的备忘录等工具，时常写寥寥几句话就行，家长要尽量让孩子养成正确书写汉字的习惯。为了达到这个目标，还需要家长发挥模范带头作用。如果家长平常写字就很马虎随意，那么孩子会认为"写成那样就行了"。

社会 5：比起"历史""公民"，事实上"地理"最令人头疼

在周围摆放地球仪和地图，增加日常接触的机会

小学的社会学科从内容上分为历史、地理和公民三部分。其中，被认为"内容死板，对小学生来说很难"的是涵盖政

治和经济领域的公民部分。但是，公民的出题范围基本上已经确定了，只要记住考点就没问题，因此公民其实是容易攻克的一个部分。

而大家认为最简单的地理，恰恰是最难对付的。因为这个部分需要记忆的内容范围很广，并且出题方式五花八门。

例如，本以为题目问的是东海道新干线 KODAMA 号的停车站点，结果转眼就跳到了中东问题，问起叙利亚的位置，考查的范围可谓遍布整个地球。

一想到必须记住这么多东西，孩子肯定会感到压力很大。请家长们营造一种环境，让孩子平常可以看到地球仪和地图。

社会 6：对时事问题的把握反映了"家庭的状态"

比起头脑聪明，充满好奇心才是理想的状态

在最近的小升初考试中，考题越来越多地涉及历史、地理、公民等各个领域的时事问题。当鹿儿岛成为大河剧的故事舞台的那一年，涉及鹿儿岛的特产、历史人物等内容的试题比比皆是。而如果碰到奥运会或足球世界杯等重大赛事，则会有很多题目与主办国有关。

今后，在高考中，有关历史的题目会逐渐减少，而与生

于当代的我们直接相关的时事问题会越来越多。现在的考试开始重视考生关注自己身边问题的人性层面的品质，而不是让学生漫无目的地卖弄一些趣味性的知识点。在这种意义上，就学校所在地区的问题出题的学校也越来越多。

虽然女子学校的倾向没有男子学校那么明显，但最近的中学仍然流行一种趋势——"我们不需要'两耳不闻窗外事，一心只读圣贤书'的孩子"。

当然，除了关心时事，学习方面也必须做好。作为加分项，每所学校都想要具有社会洞察力的孩子。当被问道"通过小升初考试的孩子是什么样的孩子"时，我的答案是"好奇心强的孩子"，而不是头脑聪明的孩子。

那么对于社会问题要关心到什么程度呢，这个真说不准。请家长们养成习惯，关注每天的新闻，尽量在家里制造话题，并且和孩子一起查阅探索其好奇的部分吧。

如有可能，在电视旁边摆放地球仪和地图，对于新闻里报道的地区，最好当场就和孩子确认。

有些家长会把 NHK 的《Close-up 现代 +》录下来，然后编辑必要的内容，给孩子看删减版。虽然这样比较费劲，但不失为一个好方法。

孩子对时事问题能够把握到什么程度？对于这个问题，家庭的处理方法会被直接反映出来。

乌龙派出所

秋本治作　集英社

于 1976~2016 年间，连续 40 年连载于周刊《少年 JUMP》的不朽之作。通过这部漫画作品，可以学习日本的战后史。

美味大挑战

雁屋哲作　花咲昭画　小学馆

从 1983 年开始连载的人气美食漫画。可以学习到包括社会、理科在内的许多科学性和社会性的知识。

萌菌物语

石川雅之作　讲谈社

描写了用肉眼可以看见细菌的农大学生的生活的一部作品。让孩子对生物和微生物产生兴趣的一个契机。

银之匙

荒川弘作　小学馆

以北海道的农业高中为舞台的一部学园漫画。可以获得生物和动物学方面的知识。

NHK《转动历史的时刻》漫画版

NHK采访版编　HOME社

将 NHK《转动历史的时刻》漫画化的漫画作品集。以风趣幽默的形式呈现严肃的内容，可以学习历史知识。

学研漫画 NEW《日本的历史》

大石学总监修 学研市场营销

全卷全彩色的新经典版本。最适合作为孩子学习历史的入门书籍。

逆转监督

纲本将也作 辻智画 讲谈社

一部足球漫画，主人公是一个弱小的职业足球俱乐部的领队。题材是足球，有助于提升孩子的士气。

灌篮高手

井上雄彦作 集英社

镌刻于日本体育运动漫画史上的一部代表性作品。对提高孩子的积极性非常有效，但要注意不要让孩子沉迷于篮球。

宇宙兄弟

小山宙哉作 讲谈社

主人公和弟弟胸怀宇宙。曾被翻拍成电影的一部超人气作品。可以教给孩子人类的戏剧性和学习的重要性。

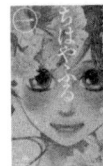

花牌情缘

末次由纪作 讲谈社

以竞技纸牌游戏为题材的作品，曾被翻拍成电影。可以让孩子快乐地学习《百人一首》[1]。

---

[1]《百人一首》：汇集了日本七百年间一百首和歌，是流传最广的和歌集。

第6章

让孩子自发性地爱上学习的15个『学习习惯』

营造环境，让她能够淡定、高效地提高学习能力想让她全身心地投入学习中，则必须为她营造一个良好的环境。女孩子会被人际关系所左右，倾向于与他人做比较。对此，有效的方式是，让她积极效仿其他孩子的好方法，并做好时间管理，抢占先机，以免因落于人后而焦虑。本章将介绍在家就能实践的学习习惯。

1. 随身物品对女孩子的学习很重要

好的环境能提升孩子的积极性

对孩子来说，学习本身就不是一件愉快的事情，而女孩子在学习中所感受到的满足感低于男孩子，这就使她们往往觉得学习很无趣、枯燥。

要使女孩子积极地投入学习中，则必须要为其营造相应的环境。

帮她们在可爱的双肩包里备好笔盒、带有卡通人物的笔、不怎么用到的彩色便笺纸等她们渴望拥有的文具吧。

对女孩子来说，周围的人如何看待正在学习中的自己，这很重要。大家都有的文具，若自己没有的话，她就会备感不安。为了让她静下心来专心学习，那么最好为她营造在一个周围的人看来，她能够顺利通过考试的环境。

不过，如果她过分在意自己的随身物品，则需要特别注意。正如我前面所说，这是女孩子想要逃避学习而释放的一种信号。

2. 让她模仿成绩好的朋友的做法

女孩子的成绩容易因社交关系而发生变化

女孩子有个特点，她们想要模仿母亲和朋友的优点。

在 VAMOS，有些女孩子会使用单词本来记忆汉字，而周围的女孩子们见了就觉得"这方法好棒"，于是第二天就纷纷效仿。

另一方面，男孩子却对此无动于衷。

每个女孩子都有一套独家的学习方式。而当其他人看到，并想要效仿的时候，这套方式就会在好几个人之间传开来。

"这是 ×× 的方法""×× 有这个东西"，女孩子很看重这些。

若往积极的方向发展，则会转化成努力的干劲。但效仿本身却未必没有坏处。

比如，总体而言，女孩子较喜欢阅读，而她们会读些什么样的书，这又会受到周围的影响。

在同一所小学里，要参加小升初考试的孩子们偏爱读大人读的晦涩的书籍，而其他孩子则沉迷于轻小说。这就是现实。

处理得好，朋友的存在会带来成绩的提高；而一旦处理得不好，则朋友的存在会导致学习能力的下降，这就是女孩子。

鉴于这种情况，家长们在给女孩子选择学校时多一些心眼吧。

虽然家长能插手的事情有限，但还是要尽量引导孩子与能够互相提高成绩的朋友交往。

3. 比起在客厅学习，独自学习的效果更佳

学习好的孩子往往自立性更强

只要家长一不注意，男孩子就会一味地埋头于自己喜欢的事情。由于他们还有幼稚、怕寂寞的一面，因此在客厅学习无疑更适合他们。

但是，对于精神年龄较大的女孩子来说，她们需要的是一个人的学习空间。

女孩子到了小学高年级，就开始想一个人泡澡。这不仅是因为身体在发生变化，还因为她们平常总是迎合周围人的需求，看着周围人的脸色生活，这让她们渴望拥有"一个人的时间"。

学习上亦是如此。相比于能够感受到家人的支持的客厅，更想要关在自己的房间里学习的女孩子也在不断增加。此外，

能够做到独自学习的女孩子普遍都进步很大。

在客厅学习的好处在于，父母和兄弟姐妹各自做着自己的事情，此时一些适当的背景音乐会给孩子带来安心感。这种背景音乐对怕寂寞的男孩子尤为有效。

然而，女孩子却会因觉得很吵，而备感烦躁。当看到本应与自己共情的父母在自己学习的时候，在一旁看着棒球直播等节目时，她们甚至会心生不满，觉得自己在这里努力学习，而他们却看电视，非常过分。

如今盛行在客厅学习的风潮，要求孩子这么做的家长也越来越多。但是，我认为强行让十分重视环境的女孩子在乱糟糟的狭小客厅学习，只会适得其反。

小学高年级的女孩子，越是学习好，自立性越强。作为与孩子已建立了信赖关系的家长，尊重孩子本人的意愿，并相信她，这是很重要的一种态度。对于女孩子，切勿强行要求她们在客厅学习，而要让她们自由选择学习的场所。

顺便提一句，当考试来临时，之前一直关在房间里学习的女孩子，可能会把学习阵地转移到客厅，因为她开始对考试产生惧怕的情绪了。

请家长们理解孩子的不安和紧张，并为她们营造一个能够放松身心的环境吧。

4. 始终让她意识到效率的重要性

认真的孩子一不留神就会用力过猛

男孩子除非是特别优秀，否则家长都必须为其"造出"学习时间。"泡澡前要把作业给做了""晚饭前要练习汉字，15分钟就够了"等，若家长不这般强制他动起来，那么他是无法自行开展学习的。

而女孩子却能自己管理好学习时间。因此，当她有计划地开展学习时，以她的计划优先吧。若她觉得父母是相信我的，那么她就不会偷懒。

女孩子的话，家长应该担心的是她们太过努力，而导致睡眠不足。

对周围的事物颇为在意的女孩子，一旦知道××学习到了深夜12点，那么她自己不学到半夜12点半是不会罢休的。如此一来，在相互的影响下，她们的睡眠时间就会越来越短。现实中这种例子并不少。

要应付考试，强健的身体也不可或缺。

此外，长时间的学习也会导致孩子注意力不集中。

对于女孩子，家长必须教她重视效率，并帮助她探索出可集中注意力的时间段。

对女孩子来说，母亲操持家务就是很好的范本。忙碌的母亲们因为料理家务事，往往没有完整的休闲时间，在做饭之余还得高效地打扫卫生间，清洗洗衣机。

在这方面，女孩子只要找到了适合自己的方法就行，也不需要其他家庭成员的说教。

在意周围事物的女孩子要在什么地方专心学习，这让她自己决定就好。难得能够做好时间管理，就让她带着自信去自行决定吧。

5. 用"15分钟规则"拉开差距

想利用大段的时间，反而无法投入学习

我认为，小学阶段的孩子精力能够集中的时间不过20分钟左右而已。

就连樱阴和双叶这些最难考上的女子中学，考试时间较长的学科也就50分钟。就算是最优秀的孩子所参加的难度最大的小升初考试，这也算极限了。

那么，普通的小学生只要能够集中20分钟的注意力就足够了。

因此，对于孩子每天的学习时间，也无须拘泥于利用大段的时间。

对于工作繁忙的商业人士而言，据说灵活运用时间空隙

很重要。对于孩子的学习来说也一样，养成即使是 15 分钟，只要有时间就会投入学习的习惯，久而久之这个习惯会为孩子拉开大的差距。15 分钟可以做很多事情。

所以确认 15 分钟内能够做的事情，并灵活运用碎片化时间。此外，一旦孩子养成了学习的习惯，即便没有人督促，只要她一有时间，就会自己慢慢地投入学习中。

6. 把上学前的"15 分钟"变成常规

养成习惯的最佳时段是早晨

相信对不少职场人士而言，比起身心疲惫的傍晚，早晨这段时间，头脑更清醒，更易于投入工作中。而孩子也一样，比起去学校上完 6 节课，再去辅导机构补习后的那段时间，早晨上学前的这段时间，孩子的头脑更加清醒。因此，让孩子在这段时间内学习吧，哪怕 15 分钟也行。

现如今，父母多是双职工，孩子要上培训班，一家人能聚在一起的时间也就只有早晨了。在这段时间里，请家长抽出 15 分钟来督促孩子学习吧。

没必要让孩子做一些很难的题目。在保证上学不会迟到的情况下，可以让孩子写 30 个字，做 3 道计算题。

或者，看早间新闻时，以孩子感兴趣的内容作为话题，跟孩子一起查阅资料。

7. 以"20 分钟"为单位

用做游戏的氛围让孩子从"专注学习 2 分钟"开始练习

我在前文中提到，小学生能够集中注意力的时间差不多是 20 分钟。为了避免孩子磨蹭懒散，荒废时间，试着每次以 20 分钟为标准限度来开展学习。

此时，用计时器或秒表来计时的话，孩子容易把握时间，也容易接受。

最开始建议尝试细致的计时方法。这是因为普通孩子解答小升初考试中最简单的计算题，一般需要花费 2 分钟。如果孩子只能集中精力 1 分钟，那么就连一道题都解答不了，所以最少也要集中精力 2 分钟。

而与容易走神的男孩子不同，女孩子最开始能够集中 5 分钟的注意力。这时，家长在一旁手握秒表，以做游戏的方式让孩子在 5 分钟以内解答两道题目，那么她的注意力会不断得到提高。

8. 读书是锻炼专注力的有效方法

女孩子的厌读情绪对应试很不利

小升初考试对女孩子、男孩子的专注力要求有稍许不同。男孩子必须具备在短时间内解开算术难题的专注力，而女孩子则必须拥有在一定时间内深度解读题目的能力。为此，阅读是颇为有效的一种方法。

这是因为要利用文字去理解一段故事，则必须集中精力去阅读其中的内容。这正是阅读有别于电视和动画的地方。

学习能力强的女孩子，会去阅读面向大人的读物。

VAMOS 成绩优秀的女孩子，都在读那些曾斩获了直木奖、芥川奖、本屋大奖的小说。当然，对此，不必强人所难。只要孩子能集中精力阅读，即便是轻小说也无妨。只不过，这类小说在锻炼专注、深入阅读方面，效果较差，但总比不读来得强。女孩子的厌读情绪对应试很不利。

9. 休息时间严禁看电视

女孩子一旦沉迷于电视，将难以自拔

明知道必须学习，却还是忍不住看了电视。不管是大人还是孩子，都遇到过这种问题。当必须集中注意力时，电视就是个大敌。

而从看电视给学习所造成的影响来看，女孩子受的影响更大。

小学阶段的男孩子喜欢看的电视节目，无非就是《数码宝贝》或者《七龙珠》之类的动漫。而精神年龄较大的女孩子，还会去看具有较强故事性的连续剧，其观众群一般都是成人。此外，女孩子重视与周围人的关系，她们想把握周围人都在看的电视节目所涉及的话题。

因此，女孩子一旦沉迷于电视，将难以自拔。

家长必须让孩子认识到这一点，并督促她在学习之余以阅读而非看电视的方式来消遣时光。

10. 理科、社会的学习要趁早

比起后来居上，从起点就抢占优势才是王道

在女子中学的入学考试中，会出现很多考查背诵的题目。社会科目自不用说，在理科考试中，比起考查计算的题目，更多的题目考查孩子对知识点的记忆程度。

此外，女孩子不喜欢输在起跑线上后在中途奋起直追，赶超他人。因此，对她们来说，从起点就抢占优势才是王道。

在这种意义上，不管考试会不会考，孩子尽早开始掌握社会和理科的背诵知识点，才能抢占一定优势。

擅长国语的孩子和擅长算术的孩子都不能轻敌，一定要把社会和理科的背诵项目安排到每天的学习日程中。

较理想的做法是，首先开展背诵项目的学习，并知道自己今天也掌握了很多能够拿分的知识点，而后再安心地投入国语和算术的学习中。

11. 在热身环节做百格计算

从做题速度可以看出"绝对性学习能力"的提高

不管是哪种体育项目，运动员在进入正式的练习之前都必须做好热身运动。热身运动可以让全身发热，肌肉舒展，以便于接下来的身体活动。

孩子们要投入学习状态，则必须做好脑部的热身运动。脑部的热身运动可以通过适当做一些诸如百格计算之类的单纯计算来进行。

孩子在家做百格计算时，请做好计时工作。这样可以把握孩子的绝对性学习能力及其变化。如果解题速度变快，那么意味着孩子的专注力也相对有所提高。

学校和辅导班举行的考试只在乎排名和偏差值等相对性

学习能力，而很难关注到个人的绝对性学习能力。但是，真正重要的是孩子是否有所提高。

一边计时一边做百格计算，通过不断进行提高计算速度的练习，孩子的基础学习能力会得到绝对性的提升，这是家长和孩子本人都能切实感受到的。

像这种能够让孩子感受到努力的价值，而无关头脑好坏的练习才适合作为每天的学习热身。

如有可能，请尽量用二百格计算来做热身。孩子能否一鼓作气地做完二百格计算是一座山，也是一个指标。

当然，也可以进一步提高难度。VAMOS 的六年级优秀学生可以一口气做完八百格计算。

12. 练习题不是拼时间而是拼"数量"

应试学习与进入社会一样，重要的是"生产效率"

"每天要让孩子学习多少内容才好"是面临小升初考试的孩子的家长经常问的问题。和加了不少班但生产效率低下的职场人士不受待见是一个道理，不管孩子在书桌前坐了多久，如果是在走神发呆，则毫无意义。家长必须做好管理工作，以提高孩子的学习效率。

然而，男性家长们多为热血汉子，他们重视花费在学习上的时间："我还小的时候，每天可是花 5 个小时学习呢。"

另一方面，也有些男性家长会用 Excel 来管理孩子做完的题目。他们不在乎孩子花了多少时间，只看结果。

当然，学习也需要热情，但重要的是会还是不会。如果能增加会做的题的数量，那么就离合格不远了。

做同样的 10 道题，花 30 分钟肯定优于花 1 个小时，因为剩下的 30 分钟孩子可以用于解答其他的题。家长从小就要让孩子明白一个道理：不是说花费大量时间就够了，而是要看生产效率，即利用这些时间成功完成了多少任务。时间有限的小升初考试自然不用说，成为一个社会人士后，生产效率更是尤为重要。

为此，家长必须准备计时器和秒表进行计时，让孩子积累在较短时间内发挥最大实力的经验。

13. 不要预习，而是把时间花费在"复习"上

小学生在学习"未知"的知识方面效率差

人们往往会认为预习和复习是不可分割的好兄弟，但它们是性质完全不同的两个部分。而我认为小学生并不需要预习。

因为与对所学知识进行确认的复习工作相比，凭借自己

的能力对未知的知识领域进行解释的预习工作，对小学生而言，难度更大。并且，其自身的解释不一定正确，还有可能因此记住一些错误的信息。

因此，不要让孩子预习，让他们把宝贵的时间留给复习吧。

此外，复习时间也要逐步缩短。包括学校和辅导机构在内，课堂上所学的知识要在课堂上理解并掌握，这才是能产生效率的最佳对策。

但是，如果孩子的脑袋不够灵光，那就没那么简单了。对普通的孩子来说，如何高效地展开复习工作是很重要的。

复习的目的在于切实理解在课堂上没理解的内容。如果孩子以敷衍了事的态度对待复习工作，对无法理解的内容熟视无睹，那么在接下来的课程中，会更加一头雾水，不明不白。

对于不擅长复习的孩子，请家长跟他一起思考，并给予指导，让孩子豁然开朗——"原来如此，我终于懂了"。

让孩子反复练习如何咀嚼和消化自己不懂的内容，久而久之，他们便能学会在课堂上自己消化知识。

14. 不要吊死在回报率不高的学科上

比起"克服偏科"，更重要的是"合格的策略"

为了考上理想的中学，孩子必须在入学考试中拿到合格的分数。如果有四门学科，就必须尽可能考虑回报率高的得分分配。

做生意也一样，假设要卖4种产品，比净利润的话，那么肯定要考虑成本便宜的产品、容易营销的产品等，尽可能提高买卖的回报率。同样地，孩子的应试也必须考虑回报率。

在孩子的学习中，决定回报率的因素每天都在变化。有时候喜欢的算术突飞猛进，而有时候不擅长的国语有了一点起色……家长必须根据孩子的实际情况去思考如何才能使总分涨到最高点。比起"克服偏科"，更重要的是"合格的策略"。

15. 一旦成绩停滞不前，就不要让她同时攻克四门学科

采取"一点突破"的策略，克服一时的不起色

不管是什么样的孩子，都会有成绩停滞不前的时候。对此，家长就不用说了，孩子也会感到焦虑。但是，若利用好这个时期，之后孩子有可能会取得很大的进步。当孩子的成绩停滞不前时，不能让她同时去攻克四门学科，而是要让她集中火力拿下一门学科。

如果一下子要攻克四门学科，而成绩却上不去，那么孩子就会丧失自信——"不管做什么都提高不了成绩。我已经

无能为力了"。实际上，如果一下子要攻克四门学科，孩子在
每门学科上所花的时间是有限的，因此往往努力了却收获不
到好的结果。

　　如果集中精力攻克一门学科，一般成绩都会获得提高。
看到自己成绩提高了，孩子才能慢慢找回自信。

　　认真的女孩子，不管何时都觉得必须雨露均沾，面面俱
到。请家长们帮她们消除这种想法，让她们集中精力搞好国
语等擅长的科目，找回自信吧。

第7章

孩子考试合格的家长所实践的
26条黄金育儿法则

成绩上涨的女孩子的家长都在做些什么？

孩子的学习能力取决于家长的习惯。女孩子一方面能够认真地遵守规则，另一方面则容易被周围的环境和人际关系牵绊。那么，在考试中成功突围的孩子的家长们，对心细如发的女孩子所采用的究竟是怎样的表扬、批评和应援法则呢？本章收集了家长们眼下就能投入实践的黄金育儿法则。

1. 创造童言无忌的环境，让孩子想说就说

构筑感同身受的跟进体制

基本上而言，学习是一个人的事情。但是，为了高效地开展学习工作，小学生的学习少不了亲子间的交流。如果孩子无法准确地向家长传达自己哪些内容懂了，哪些内容没懂，那么就可能会做无意义的努力。

相较于男孩子，女孩子不懂就会说出口。但是，请家长们要理解一个事实：女孩子不懂就说，这是需要勇气的。

女孩子的大脑会去挖掘做某件事的价值。为了大家而努力，大家都替自己高兴，这是她学习的意义所在。因此，让女孩子对旁人说出"我不懂"，这其实十分需要勇气。而这就需要大人们与之产生共情，对其感同身受地进行跟进、指导。

请家长们为她创造一个童言无忌、跟进体制完善的环境，让她平日里有话，想说就说，以避免她独自在墙角黯然伤神，丧失自信。

2.摆出"父母和你一同在战斗"的姿态

家长懒散放纵，却要求孩子努力学习，这是无稽之谈

我们那一代人，小学的时候可以无忧无虑地玩耍。但是，现在的孩子们却不能这样，要参加小升初考试的孩子甚至还要面临更大的压力。首先家长必须要对这点予以理解。

相信只要家长理解了这一点，那么当孩子在客厅学习的时候，就干不出这种事情：烂醉如泥地瘫在她旁边，叨叨一些不着边际的牢骚。

不管家长工作多么辛苦，即使是因为应酬而不得不喝酒，孩子也不会理那么多。她们所看到的就只是现在，眼前的父母的样子。

我周末去街角的咖啡店，经常看到孩子学习的身影。坐在这些孩子对面的一般都是打开笔记本电脑在工作的父亲。

可能父亲累了，在家就想睡觉。但是，当父亲在自己眼前帅气地投入工作中时，孩子的内心是欢喜的，而且她会暗下决心成为和父亲一样的人。

医生的孩子之所以成为医生的概率较高，不仅关乎头脑和财力，更多的是因为孩子看到父母医治病人时的样子而肃然起敬吧。

这与家长的学历和职业经历无关，而是家长应有的状态

问题。不是说父母是东大毕业的就好，即使是高中毕业也无碍，重要的是父母要给孩子展现出一种模范性带头作用。

家长懒散放纵，却要求孩子努力学习，这是无稽之谈。

对于女孩子来说，家人与之共情，这点非常重要。请家长让孩子知道，自己无论何时，都与其同心并肩战斗着。

3. 家长要让孩子看到自己读书的身影

若一个家庭没有读书习惯，那么孩子自然不会去读书

阅读是一种高难度工作，需要读者自己去追逐文字、理解故事。阅读，是所有学习的基础。抛开小升初考试不谈，读书习惯对于思考漫漫人生来说也是非常重要。

女孩子大多喜欢读书。若非如此，她们在国语领域就会面临很大的障碍。家长阅读这种行为，可以感染孩子，让她们爱上阅读。

相关数据表明，若现实中父母没有读书习惯，那么孩子也会倾向于不读书。请家长多让孩子看到你们读书的样子。

若父母阅读书籍后，互相诉说读后感，那么孩子也会开始阅读书籍，因为她也想加入父母的交流中去，共享读书的乐趣。

4.GET 孩子的"为什么"，并和她一起思考

知道家长所不知道的事情是"孩子最大的乐趣"

光是看新闻，孩子的心里就会不断产生各种"为什么"：

"为什么会出现日食？"

"为什么以色列、巴勒斯坦会起纷争？"

不管家长有多忙，都不能无视孩子的"为什么"，而要予以理解，并和她一起思考。

此时重要的是，即使家长已经知道答案，也不要告诉孩子"是因为××"就完事，而应和孩子一起查阅资料。这样一来，孩子会更能感受到学习的乐趣。当然，家长不能立刻就上网查，而应事先准备好地球仪、地图和图鉴等工具。

当然，即使家长不知道答案，也切勿浑水摸鱼，企图蒙骗孩子。对于不懂的事情，老实对孩子说："爸爸也不懂呢，咱们一起查查资料吧。"弄懂家长所不知道的事情，对孩子来说是最大的喜悦，因为这会让她产生"我赢了父母"的快感。而且这也是拓宽孩子兴趣领域的一个机会。

此外，家长也可以试着向孩子抛一些勾起她好奇心的问题。

我有一个朋友是东大学生，据说她从小就经常被父母问一些问题：

"你知道为什么今年苹果这么贵吗？"

"你觉得为什么在美国普通人也会有枪呢？"

请家长们也试着给孩子抛各种各样的问题吧。

当然，问题要选择让孩子感兴趣的话题，勾起其好奇心：
"这是为什么呢？"若抛一些太难的问题，孩子就不会觉得
有趣。

"你觉得为什么财务省要修订文件呢？"

孩子听到这种问题，一来不会产生兴趣，二来就算父母
仔细说明原因，也无法理解。

家长们不要停留于自我满足的层面，而是要弄清楚"孩
子是否上钩了"。

5. 最亲近的人切勿批评她

一个唱红脸，一个唱白脸

对颇为看重信赖关系的女孩子进行批评之前，家长必须
清楚自己与孩子的信赖关系的程度。

女孩子讨厌被自己最信赖的人批评，那么她最信赖的人
只能与其站在同一阵营，"同仇敌忾"。而让她信赖程度排在
第二及之后的人来唱白脸会更有效。

在 VAMOS，孩子们都有各自亲近的讲师，他们就是像
班主任一般的存在。比起我，多数的女孩子更信赖讲师。

若女孩子表现不佳，需要提醒时，让讲师来扮演白脸，那么她们会感到在 VAMOS 已无立足容身之地，因此，一般是由我来唱白脸。

"怎么搞的，这个分数？不是说要努力把理科成绩提起来的吗？"

而最受孩子信赖的讲师则与她一起探讨解决对策："××，刚才真是为难你了。被那个老头儿那么一顿说，真令人不快。那么，我们要不要稍微改变一下理科的学习策略呢？"

如此一来，女孩子会感到与那位讲师的信赖关系更上一层楼，为了让我这个他们共同的"敌人"认输，她会很认真地去履行其二人所制定的策略。最终，她在理科方面会进步明显，而我批评她的目的也达到了。

在家里也是如此。当出现一些情况，需要批评她时，对女儿而言最亲近的人就要后退一步，让其他人来唱白脸。

6. 表明依据，用一句话客观地批评

对女孩子要 8 分表扬、2 分批评，方可达到平衡

女孩子与男孩子不同，若遭到批评，那么她会认真地理解、体会自己被批评的点。因此，对女孩子切勿过度批评。

对女孩子要 8 分表扬、2 分批评，方可达到平衡。

此外，重要的是，无论批评还是表扬女孩子，都要做到有凭有据。如有可能，最好出示数值等客观性的数据。

女孩子态度十分认真，因此一旦遭到批评，就会产生满满的挫败感。而如果对方的批评方式过于情感化，那么这甚至会打击她的自信，令她一蹶不振。批评女孩子时，态度不要过于严厉，亦不要絮絮叨叨、纠缠不休，只要结合依据，用一句话干脆地传达给她就足够了。

表扬女孩子时也一样。如果你空口无凭，她会一眼看穿你的心思，认为这不过是场面话。而这种空口无凭的表扬，会很轻易地破坏你与她之间建立起来的信赖关系。这点需要注意。

7. 对女孩子的成功必须笑脸以待

轻松的心态让学习更顺畅

在足球比赛中，赢的那支队伍的选手都是一副干劲十足的样子。这说的是男子足球队。而女子足球队，若选手们笑容可掬，则更有赢的希望。

在 2011 年的女子足球世界杯德国大赛上，进入决战 PK 之前，日本选手个个春风满面，而最终输了比赛的美国队选手则一脸严肃。

花样滑冰运动员浅田真央和跳台滑雪运动员高梨沙罗也一样，当她们获胜欲望过强、思想包袱过重时，就招致了失败。

我想也许是女子运动员平常就倾向于关注自身的消极一面，而她们若过分关注这一面，则无法发挥出原本的实力。

孩子们的应试也是如此，家长必须让孩子们把关注点从自己的消极一面移开，帮她们解放自己。对孩子，请务必笑脸相待。

8. 家长必须把支持者的角色扮演到底

一逮到机会就要向女孩子传达应援信号

对于女孩子，父母双方要一起把支持者的角色扮演到底。

当她想在自己房间里学习时，家长可以对她说一句："要开始学习了吗？太棒了，加油。"

当她到客厅学习时，家长可以不时地瞄上几眼，并鼓励道："做得很好呀！"

家长要像这样，无时无刻地给她传达应援信号。

但请注意不要使之流于一种变相的形式——家长的期待。

足球的啦啦队会以振旗高呼的形式为自己喜欢的球队应援，但其舞台仅限于观众席。女孩子日益成熟，与其保持这样的距离感很重要。她们需要的是一种不会冒冒失失地介入其学习，但又声势浩大地为其应援的姿态。

如果声音太小，她会觉得大家没有在为她应援，因此请大声地为她加油鼓劲吧。这是女孩子麻烦的地方，但也是其有趣之处。

9. 女孩子会释放信号，但不会说出口

其行动具有连续性，因此不要忽略其反应

对于男性家长来说，女孩子是一种令其手足无措的存在。女孩子不像男孩子那般单纯。当你觉得她做得好而表扬她时，她可能会质疑这是漂亮的场面话。这让男性家长们觉得左右为难。

然而，若掌握了其要害之处，那么女孩子会比男孩子更容易有所提高。不过，家长们正是因为不懂其要害所在而苦恼吧。

每个孩子的要害都不同。要把握孩子的要害之处，只能仔细观察。但是，在她跟前瞪着大眼瞧她，这只会招致她的反感，因此，你只能以不给她造成负担的距离进行观察。

这样一来，就能发现女孩子释放的信号。女孩子嘴上不会谈论自己的心情，但是她会释放出信号。

比如，当我谈及 VAMOS 的调班事宜时："根据成绩，从

4 月份开始可能会稍微调整一下班级……"

话音刚落,有自信上水平较高的班,或者有诉求的女孩子就会在这一瞬间与我进行视线交流;而对换班这件事情不感兴趣,认为不换班比较好的女孩子则会目光朝下,避免与我的眼神接触。

另一方面,几乎所有男孩子要么看着窗外,要么就自顾自地玩着。

此时,我不会去关注男孩子的心思,而是尽量不错过任何一个女孩子的反应。

与冷不防地做出一些让人摸不着头脑的事情的男孩子不同,女孩子的行动具有连续性。因此,如果认真观察,就能读懂女孩子所释放的信号。

要提高女孩子的能力,则要尽力与孩子保持一定的距离感,并仔细对其进行观察。

10. 对女孩子而言,家就是精神港湾

绝对不能让她觉得"这个家里没有我能商量的人"

女孩子和单纯的男孩子不同,她们通常不会把心里所想说出来。但这不代表她没有对家人敞开心扉。她们对家人寄予的期待远大于男孩子。

对男孩子来说，家更多是供他们吃饭、睡觉的物理性空间。而对女孩子而言，家就是精神港湾，家就是最小单位且最重要的堡垒。

因此，对于她们不想谈论的事情，家长不要强行逼问；而当她们想说的时候，则认真地扮演好一个聆听者的角色。另一方面，静静地陪伴在她们身边，跟她们一起哭，替她们分担悲伤和痛苦的情绪，这种态度也很重要。家人齐心，一起为女孩子营造出一种安心感，"这个事情我可以跟妈妈说""那个事情我可以跟爸爸说"。当女孩子觉得这个家没有自己能商量事情的人时，那就大事不妙了。

11. 让孩子自由往返辅导机构

若孩子身心疲惫，则什么都学不进去

女孩子做事很认真，因此在往返辅导机构的路上也会学习。

但是，我想在上下学的路上，孩子轻松地度过就好。

在接送孩子往返辅导机构时，家长肯定忍不住问孩子今天学得怎么样。孩子自信心爆棚，例如孩子在辅导机构的测验中取得了好成绩，这种情况另当别论，多数的女孩子，会把目光聚焦于自己做得不好的地方。因此，家长戳到她的痛处，这会让她进一步丧失自信。

更何况，现在的孩子每天都忙得不可开交，身心疲惫。在往返辅导机构的路上，还是让她们发发呆，聊些与学习无关的话题，读些自己喜欢的书吧。请家长不要认为孩子只要一心扑在学习上就是好事。若孩子的身心变得脆弱，那么届时无论学什么都学不进去。

12. 让她在睡觉前开展能获得满足感的学习

给她提供对复习有帮助的问题，而非简单的问题

当小升初考试一步步迫近时，似乎越来越多的孩子会在夜里说这种梦话："对不起，我还没做完。""怎么办，来不及了。"可见每个孩子都面临着巨大的压力。

对于这些孩子来说，在一天结束之际，以怎样的心情入睡，是非常重要的一个课题。

男孩子的话，让他做一些自己擅长的题目，体会到成功后再入睡较好；而对于女孩子，则少不了通过"认同"来获得安心感。

就算给她抛一些肯定解答得出来的简单题目，也无法获得她的认同感，因为这会让她觉得莫名其妙。"我还有一些内

容没搞懂，要先复习这个题目"，若她因此能够获得一种说服自己的认同感，那么她就可以安心地入睡。

13. "肚满肠肥"的话就不会有欲望

若想培养孩子的自立性，"过分给予"万万不可

为了在应试竞争中笑到最后，孩子必须肃清"无所谓，怎么样都行"的颓废感。此外，如果从孩童时代起便萎靡不振，那么长大后步入社会，就会处于一种很痛苦的迷茫状态，会觉得没什么自己特别想做的事情。

但是，现在的孩子们都非常忙碌，光是完成每天的日程安排就累得够呛。他们没有闲情去拥有自发性的欲望："我想做……"

比起其他家庭，在父母是双职工的家庭，亲子之间交流的时间会更少。这样一来，家长内心就会萌生一种罪恶感——我没能顾得上他，从而想用金钱弥补。结果就是家长要求孩子"去上补习班，去参加体育项目，去学新技艺，什么都学"，让孩子身心俱疲。

虽然女孩子文武双全，家长求之不得，但这不是口头说说就能掌握的能力。只有当孩子发自内心地希望学习，也想运动时，这才有可能实现。

此外，在激发孩子"想要做……"的欲望方面，玩耍是很重要的。但是，现在的孩子即使被告知可以去玩耍了，也一脸茫然："妈妈，要玩什么呀？"

纵然考试已经火烧眉毛，也切勿给孩子安排满满当当的学习计划，只要八分饱就够了。

我经常让孩子"不要吃太饱"，但是家长却拼命给孩子塞吃的。孩子肚子吃得圆鼓鼓的，就不会有"想吃××"的欲望。若想培养孩子的自立性，那么"过分给予"就万万不可。

之前，有一位来自荷兰的足球教练感到很惊愕："为什么日本的高中生每逢社团的足球练习休息日就那么开心？"

自己选择参加足球的社团活动，就意味着是自己喜欢这项运动。而"做不了"自己喜欢的运动时，为什么那么开心？这点让他不可思议。

实际上，现在日本学习足球技能的孩子越来越多了，但是喜欢足球的孩子反而在减少。因为一直在学，所以比起"想踢足球"，他们更想"休息"。

其实，对于未知的知识，孩子们也应该抱着"想学习"的心情来对待才行。但是，被硬塞了太多的东西，反而会让他们不胜其烦。

14. 女孩子善于战胜自己

"与自己的战斗"会提升女孩子的干劲

"复仇"这种字眼，存在于女孩子的字典中。比如，辅导机构的春季讲习结束后，女孩子已经把目光放到了下一个阶段——算术的学习还不够，理科完全不行，等等。而男孩子只会沉浸在结束的快感中："啊，终于结束啦！"从来都不会去回顾讲习内容。

对于小学考试没考上的学校，在小升初考试中也想挑战，或者说出"我绝对会考上比那所学校水平更高的学校"之类的豪言壮语的，肯定是女孩子。男孩子则不想提及失败经历："啊，××小学，是没考上吗？我忘了。"因为这是一个已经结痂的伤口。

比起男孩子，女孩子更善于认真与自己对战。因此，战胜过去的自己，一雪前耻，对于女孩子来说是一股强劲的"鸡血"。

15. 给她强加好孩子的人设，则人设终会崩塌

"优等生"的期待不过是家长的一厢情愿，终会事与愿违

学习好的男孩子千姿百态，有只钟情于算术的孩子，有

文理兼修的孩子，也有性格大大咧咧的孩子……但是，学习好的女孩子则千篇一律，几乎都是典型的优等生类型。

但其实，她们并不是一开始就是这样的，而是身不由己。比如，做母亲的对于成绩好的女孩子期待过甚，要求过多："我希望你是个在什么领域都很优秀的孩子。"

此外，女孩子也乐于满足父母的期待，有着远大的理想，因此倍加努力。

但是，过犹不及。女孩子会对没能成为期待的自己感到备受打击，从而崩溃。其实，哪怕只有一个方面很突出，就已足够优秀。请勿盲目期待孩子成为优等生，而无视她表现突出的那一面。

16. 让她慢慢回顾出错的原因

能够直视自己的错误的女孩子最为顽强

在企业工作的东大毕业生中，从地方公立学校考入东大的和从升学名校考入东大的相比，作为近来的一种趋势，据说后者在商业领域的能力更强，更吃得开。兴许这是因为在地方曾经被称为"神童"的孩子与那些升学名校一路打拼过来的孩子相比，"失败"经历较少吧。

这种事情自然也会发生在女孩子的世界。因此，必须关心她，让她不要气馁，同时要让她去尝试和犯错。

不过，女孩子不擅长处理失误。虽然她们具备洞察力，能够自己找出失误的原因，但是她们并不想那么做。因为她们的洞察力实在卓越，所以对原因看得太深刻，这导致她们很受伤。

但是，"真正的勇士敢于直面淋漓的鲜血"。若她能够直视自己的错误，那么将会所向无敌。为什么呢？因为她们能够比男孩子更深入地进行分析，并且不惧怕尝试和犯错。

这样的女孩子会通过不断尝试和犯错获得成长，从而到达一定的高度。

为了正视自己的失误，女孩子必须慢慢地回顾其原因，并去接受它。因此，家长和周围的大人不要对她指指点点，给太多无谓的建议。

"不过是一次模考罢了，不用太放在心上。不过，算术如果不提高一些就难办了。要不要尝试其他的学习方法呢？"

对于给女孩子的建议，就停留在这种程度吧。此外，当女孩子说自己要试试某种方法时，家长要向她说明尝试和犯错的意义，比如，"模拟考试的算术成绩不理想，这是一个失误，但正因为你正视了它，才能发现新的方法"。

17. 用 20 次的失败换取 80 次的成功

把握好成败的比例

在日常生活中，女孩子总是小心翼翼，尽量不让自己失败。因此，一旦失败，她面临的打击往往较大。失败使她对自己产生怀疑。

女孩子遭遇失败时所遭受的打击，是男孩子的 4 倍左右；而收获成功时所感受到的满足感，却只有男孩子的四分之一左右。

因此，女孩子需要高于失败 4 倍的成功。让她用 20 次的失败获得 80 次的成功，这比例正好。不过，如果周围的人过于在乎她的感受，而避免让她失败，那么她就会在失去尝试和犯错的机会下长大成人。

一个在成长过程中没有经历过失败的成年女性，会因为一些琐碎的小事就自暴自弃。

在守护女孩子独有的天真特质的同时，请尽早让她们体验尝试和犯错的过程，并适当跟进，帮助她们直视自己的失败。

18. 不要让她与其他孩子过分竞争

女孩子是即使不想竞争，但终会参与竞争的一种生物

女孩子颇为在意周围人的眼光，时常在所有的领域都保持一种竞争的状态。

就连"自己的笔盒和朋友的比，哪个更可爱"这个问题，她也特别在意。不过，她自己倒是意识到不能把这个情绪表现出来，因为太傻。

女孩子之间不会互看成绩，并且谈到学习进展时，她们也会非常低调，说自己根本没在学。当然，她们也不会把"我不想输给×××"这样的话挂在嘴边。看到她们这种样子，家长，尤其是做父亲的往往会责备道："现在的女孩子得有点儿胜负欲才行。"

但是，女孩子其实已经投入足够多的竞争中了，甚至已经麻木了。

对于做事不紧不慢的男孩子，可以不时地去煽动他的胜负欲"你别输给×××了"；而对于女孩子，请让她们尽量专注于自己，不要过度在意他人。

19. 在考试前后，营造能够放松身心的环境

女孩子不需要周围大人加油打气

当考试临近时，对于稍显幼稚、不够沉稳的男孩子，周围的大人们需要稍微提高他的紧张感，让他们集中精力做好最后的冲刺。而女孩子已经是半个小大人，因此，她们早就对考试日程心中有数，会自行提高紧张感以迎接考试。不过有些女孩子会过于紧张，被压力和恐惧感所包围，因此家长要想办法让她放松一些。

对于考试结果，女孩子的反应也很成熟。男孩子不会关注自己糟糕的地方，而女孩子却净是关注自己失败的地方。

因此，对于自己做不出来的题目及其原因，她们能够充分地分析并进行反省。因此，请家长不要催促女孩子就考试结果进行分析和反省，而是静静地扮演好一个聆听者的角色。

20. 切勿以己之心强加于人

切勿将孩子作为家长实现自己人生价值的工具

面临小升初考试时，作为家长，望子成龙、望女成凤是人之常情。他们希望孩子考上××中学，希望孩子考取更高

水平的学校。但是，这些期待不能让孩子来背负，因为他们还小。

他们还年幼，尽管父母的期待压得自己喘不过气，但却没有表达的能力。因此，若家长仍不止不休地给孩子强加自己的期待，当亲子关系恶化时，孩子会报以很大的反抗心理。

对孩子期待过多的情况多见于母亲。

尤其是对于女孩子，有的母亲作为一名家庭主妇，想让孩子实现自己未能实现的梦想，而对孩子寄予很高的期待。

与以往比起来，现如今专职做家庭主妇的女性不多了，而投身职场的女性在不断增加。置身于这个时代，有些女性内心会产生一种挫败感，于是她们就把女儿当成了实现自己人生价值的工具。

又或者，有些女性虽身在职场，却不得不在男权社会忍气吞声、任劳任怨，这让她们转而寄希望于女儿，希望她能够成为人上人。这种情况并不少见。

但是，女儿的人生要由她自己来决定。

女孩子做事态度认真，这让她们想要满足父母的期待；而当自己无法回应父母的期待时，她们会情绪崩溃，认为自己很无能。

请各位家长不要变成现如今社会上备受争议的"毒亲"，给孩子应有的自由吧。

21. 母亲要毫不掩饰地诉说自己的失败

对女孩子不要说漂亮的场面话，而应以真心相待

作为家长，绝不可对孩子看似要失败的境况置之不理。

尤其是女孩子的母亲，往往会对孩子下达细致的指示：
"不行。""你得这么做。""妈妈懂的。"当然，对于女孩子来说，
母亲也是她的一个目标，因此母亲适当地提供一些指导意见，
这很正常。但是，如果是给孩子强加父母的价值观，那么这
对孩子而言，会是莫大的负担。

当母亲不希望自己的女儿做某件事情时，那也许是因为
之前自己有过类似的失败经历。若真如此，那么请母亲向孩
子坦诚相告吧。

在向孩子袒露自己的失败经历的基础上，再跟孩子说妈
妈不想她也变成那样，她就会信服。女孩子是小大人，懂得
这世道的现实。

家长不需要说漂亮的场面话，以真心对待孩子就好。

22. 绝对不要做有失信用的事情

一旦她发现私下的小动作，信赖关系会在瞬间破裂

我通篇都在强调，女孩子很重视与父母之间的信赖关系。

建立信赖关系并非易事，而要破坏它却易如反掌。只要有一次，家长失去了她们的信任，那么就破镜难重圆了。

比如，切勿偷偷地翻看女孩子的书包或者书桌抽屉里的私人物品。尽管家长觉得这么做无伤大雅，但女孩子却感觉不受信任，并对此感到困惑——爸爸妈妈偷偷摸摸地，到底想干什么？

还有，请不要擅自找辅导机构的讲师面谈。

极度反感被他人知道自己消极一面的妙龄女孩，若被自己最信任的父母泄露了自己的秘密，那么她会有一种被深深地背叛的感觉。对此，女孩子要么事后会追究老师背着自己说了些什么，要么自此与父母陷入冷战。

23. 与女孩子相处需要气魄

女孩子对无法与之共情的大人所说的话左耳进右耳出

女孩子很重视感同身受，她们对无法与之共情的大人所

说的话左耳进右耳出。大人的外貌也是重要的因素。而我们辅导机构的工作人员也遭受着"检阅"，痘痘和头皮屑很明显的邋遢男讲师和穿着过于暴露的香艳女讲师都不受女孩子待见。我平常都很注意自己的仪容仪表。

家长也一样，不管是父亲还是母亲，都必须仪容整洁，姿态良好。若自己悬梁刺股般勤奋读书，而父亲却烂醉如泥，一脸的醉生梦死；母亲则是怨气冲天，成天埋天怨地，那么她早晚会撑不下去。

当然，这并不是要求各位都得是俊男靓女，或者要穿戴高档的服饰。关键是要有气质。请各位不要忘记年幼的女儿独自奋斗的身影，保持好自身良好的状态吧。

24. 认真说教时，别给孩子质疑的机会

别让孩子有反驳"你现在说的跟之前说的不一样"的机会

女孩子倾向于用连续性的思维去思考，她们会很清楚地记得之前的事情。因此，如果家长说话不经过大脑，就会立马被她挑出话里的毛病。这点做父亲的需要格外注意。

从男人的视角来看，他们会觉得这点很不可思议："为什么女人还记得很早以前的事情？"这是关乎脑部构造的问题，不仅是大人，孩子也是一样。

作为父亲，此时肯定忍不住想训斥孩子："我现在说的是我觉得现阶段最好的办法，所以你别在话里挑毛病了。"而女孩子还记得之前被灌输的教诲，并以此维系着彼此的信赖关系。这会让她觉得前后矛盾，不合情理。

若家长感情用事，因面子上挂不住而对孩子大喊大叫，这就很过分。与女孩子进行重要的谈话时，请家长先认真地在大脑中过一遍，不要给孩子反驳的机会。

25. 母亲不要对女孩子发牢骚

女孩子对这些不会充耳不闻，而会很沉重地接受

女孩子在崇拜母亲的同时，有时也会将母亲视为对手。这并不是坏事。即便一开始她们视母亲为对手，但慢慢地，她们会在朋友身上发现竞争的要素。

虽然女儿将母亲视为对手不是坏事，但若情况相反，则万万不可。母亲必须以宽广的胸怀对待女儿，家长终究是家长。

近来，有很多母女无话不说，犹如朋友的例子，这让人看了十分欣慰，但实际上母女间以朋友之道相处并非良策。

因为母女若以朋友之道相处，那就必定会互相吐槽、抱怨。

对母亲的抱怨，男孩子会左耳进右耳出，而女孩子则会全盘接受。当她听到母亲说父亲的坏话，那么她就无法将父亲视为共情的对象。

如果真心为孩子着想，那就请母亲切勿在孩子面前抱怨。

然而，有些做母亲的看到眼前的女儿一副聪明伶俐的模样，就会忍不住跟她发发牢骚。请注意，这会给孩子造成精神负担。

26. 对女孩子的特色不要予以否定，而是去发扬

父亲要特别关心女孩子学习以外的事情

四年级的女孩子，有时候会讲一些有失气质的粗口。对此，其他辅导机构可能会睁一只眼闭一只眼，但我会提醒她们。而被我提醒的孩子出乎意料地听话，甚至她们看起来一副因被提醒而感到很高兴的样子。

我想，这大概是因为她们觉得自己被当作大人来对待了吧。

如今是一个宣扬"无性别差异"的时代，而我也丝毫没有要否定这一观念的意思。但另一方面，我觉得女孩子有女孩子的样子，是一件很棒的事情。

事实上，据我观察，考上了女子名校的优等生一直保持着女孩子的特性，比如喜欢可爱的文具等。

因此，我认为对于女孩子的特性，不要予以否定，而是鼓励孩子去加以发扬为好。

以自己对女孩子的事情一窍不通为借口，把育儿事务全盘丢给母亲的男性家长们，请认真地和女孩子交流吧。否则，女孩子会很失望的，她们会认为："爸爸只对我的偏差值感兴趣。"

若想提高女孩子的学习能力，那么请各位父亲多关心她学习以外的事情。

我曾多次提到，女孩子做事态度认真，会自主地学习。女孩子所需的是一个完善的家庭环境，一个能让她们坚信在这个家里，父亲和母亲都是自己的战友的环境。

父母双方有各自的角色设定。话虽如此，但请不要因这个设定而找借口逃避责任："我不懂，交给你了，孩子妈。"

对于父亲来说，和女孩子的交流虽有困难之处，但也是自身成长的绝佳机会。

结语

职场上、体坛上，女性活跃的身姿愈发成为一道道亮丽的风景线。而从高考和校招的结果来看，女孩子普遍比男孩子优秀。接下来的时代，无论是教育机构，还是企业，如果无法为女性提供发展平台，那么终将失去其立足之地。

在此背景下，最大限度地挖掘出女孩子的潜能，是我们大人的职责所在。她们所具备的能力远远超乎我们的想象。

有些做父亲的大吐苦水说不懂得怎么和女儿交流，而有些做母亲的则把女儿当作自己的翻版，对其寄予过大的期望，并企图支配她的人生。女孩子，着实不易。

我时常觉得，女孩子的成熟度更胜于大人。我着眼于性别差异而著成这本书，初衷在于，我坚信只要把握女孩子独有的特性，帮助她们挖掘出其自身最大限度的潜能，就可以让她们实现自我突破。

作为 VAMOS 的创始人，我在业界摸爬滚打多年，也算是"阅孩无数"。我觉得女孩子与男孩子有很大的不同。

女孩子比男孩子做事更认真，同时富于正义感，但她们缺少了那么点童真。要彻底理解女孩子这种生物，很难。这是事实。但若有家长认为女孩子就是小家子气了点，不难搞定，抑或觉得女孩子身上没有男孩子那种爆发力，那么恕我难以苟同。这不过是大人们一厢情愿的误解罢了。

女孩子，着实有趣。

请各位家长把握好本书所述的交流方法和搭话的诀窍，务必要帮自己的女儿打破影响她前进速度的限制器。请各位家长相信自己女儿的可能性，帮她打开更广阔的新世界吧。

女孩子极具耐性、善解人意，若其能够成功取得突破，那么她的成就会远远超过父母的期待。

富永雄辅

2018 年 11 月

图书在版编目（CIP）数据

女孩的学习力 / （日）富永雄辅著；吴一红译 . -- 成都：
四川文艺出版社，2020.6（2023.1 重印）
ISBN 978-7-5411-5642-7

Ⅰ . ①女… Ⅱ . ①富… ②吴… Ⅲ . ①女性—学习方
法—家庭教育 Ⅳ . ① G791 ② G78

中国版本图书馆 CIP 数据核字 (2020) 第 039166 号
著作权合同登记号 图进字：21-2020-114

NÜHAI DE XUEXILI

女孩的学习力

[日]富永雄辅 著

吴一红 译

出 品 人　张庆宁
出版统筹　刘运东
特约监制　刘思懿
特约策划　刘思懿
责任编辑　陈雪媛
特约编辑　郑淑宁　申惠妍
封面设计　末末美书
责任校对　汪 平

出版发行　四川文艺出版社（成都市锦江区三色路238号）
网　　址　www.scwys.com
电　　话　028-86361802（发行部）　028-86361871（编辑部）

邮购地址　成都市锦江区三色路238号四川文艺出版社邮购部　610023
印　　刷　北京永顺兴望印刷厂
成品尺寸　145mm×210mm　　　开　本　32开
印　　张　6.75　　　　　　　　字　数　120千字
版　　次　2020年6月第一版　　　印　次　2023年1月第二次印刷
书　　号　ISBN 978-7-5411-5642-7
定　　价　39.80元